CAFÉ

Uta Depner

TOGO

*Von Sklavenburgen,
Voodoo und Amazonen*

CAFÉ TOGO

Uta Depner

Von Sklavenburgen, Voodoo und Amazonen

hansanord

Impressum

1. Auflage 2015
© 2015 by hansanord Verlag

ISBN: 978-3-940873-79-8

Covergestaltung, Layout: Anna Radlbeck | www.radlmadl.com
Druck: Prime Rate GmbH, Budapest
Bilder: Aus dem Privatbesitz von Uta Depner

Für Fragen und Anregungen:
info@hansanord-verlag.de
Fordern Sie unser Verlagsprogramm an:
vp@hansanord-verlag.de

hansanord Verlag
Am Kirchplatz 7 | D 82340 Feldafing | Tel. +49 (0) 8157 9266 280
info@hansanord-verlag.de | www.hansanord-verlag.de

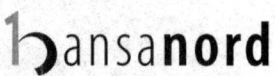

Für meine Eltern

INHALTSVERZEICHNIS

EINLEITUNG

Es ist Trockenzeit in Westafrika. Der Harmattan bläst Sand aus der Sahara bis weit über den Atlantik. Die Menschen in der Stadt suchen den Schatten. Hunderte von Zemidjans, Motorrad-Taxis, die als Taxi dienen, drängeln durch die Straßen Lomés. Es riecht nach gebratenem Fleisch, Staub und Abgasen. Gegrilltes Rind mit Zwiebeln und scharfem Gewürz als Zwischenmahlzeit für 100 CFA, das sind etwa 20 US-Cent. Ich lasse es mir schmecken.

Ich werde für drei Monate auf dem privaten Hospitalschiff „Africa Mercy" Kaffee verkaufen. Das Schiff liegt zurzeit vor der Hauptstadt des kleinen westafrikanischen Staates Togo vor Anker.

Heute möchte ich mir jedoch zunächst einmal einen ersten Eindruck von Lomé verschaffen.

Zu diesem Zweck mache ich mich ins Musée National du Togo auf. Das Museum ist klein und eher bescheiden, doch zu besichtigen ist in einem kurzen Abriss vieles, was die Geschichte des Landes widerspiegelt. Zunächst einmal sind da Kalebassen, Musikinstrumente, Speere und Buschgewehre, die länger sind, als ich mit 1,62 groß bin. Letztere rissen dem Schützen bei Gebrauch schon mal einen Finger ab, denn die Verarbeitung ist nicht gerade hochwertig. Die Portraits im Keller an der Wand zeugen von einer turbulenten und zum Teil unschönen Vergangenheit, die geprägt war von Sklaverei und Kolonialismus. Rechts hinten hängt das Portrait des aktuellen Präsidenten Faure Gnassingbé. Der Mann, der sich als Museumsführer ausgibt, lacht, als ich ihm meine Überlegung mitteile, das Foto sei vermutlich mit Photoshop überarbeitet, so glatt sei das Gesicht des Präsidenten. All die Staatsführer, die seit der Unabhängigkeit 1960 Präsident waren, wurden hier an der Wand verewigt. Des Weiteren Priester sowie deutsche und französische Generäle, unter anderem Gustav Nachtigal, der in Togoville den Vertrag zur deutschen Schutzherrschaft über Togo unterschrieb. Weiter vorne ein Schwarz-Weiß-Foto, das angekettete Sklaven abbildet.

Nach dem Rundgang verlasse ich das Museum in Richtung Grand Marché. Verglichen mit vielen anderen Hauptstädten Afrikas wirkt Lomé geradezu dörflich. 1,2 Millionen Einwohner zählt die Stadt, und wie in anderen afrikanischen Städten spielt sich auch hier das Leben auf der Straße ab. Allerdings ist Sonntag und aus diesem Grund ist auf dem Markt nicht viel los. Auf dem Grand Marché wird alles verkauft: Gemüse, Fleisch, Plastikbehälter, Getränke und in einem weiteren Straßenzug Holzarbeiten, wunderschön angefertigte Kunstfiguren, an denen ich schnell vorbeilaufe, um nicht in Versuchung zu kommen. Auf Verkäufer reagiere ich stets mit einem: „Je ne parle pas français". Das ist nur zum Teil gelogen, denn meine Französischkenntnisse sind sehr mager, reichen hier aber aus, um allzu anhängliche Händler in Schach zu halten.

Ich verlasse den Markt wieder und schlendere durch die Straßen Lomés. Diese ersten Eindrücke hinter mir lassend, richtet sich mein Fokus auf den Lärm, der aus der Kirche mit der Aufschrift „Assemblées de Dieu" dröhnt. Es hört sich an, als würde da drinnen ein Festival stattfinden. Das macht mich neugierig. Ich werde freundlich begrüßt und in Richtung der Bänke manövriert. Der ghanaische Priester grölt auf Englisch ins Mikrofon, am Podest neben ihm übersetzt ein Dolmetscher die Predigt in den Kirchenraum. Das ist hier üblich, denn Togo ist ein französischsprachiges Land, und nicht jeder kann Englisch. Außerhalb der Hauptstadt spricht auch nicht jeder Französisch. Die Band spielt, der Chor singt. Ganz anders als in unseren Breitengraden geht es während des Gottesdienstes hier zu: Laut, tanzend, murmelnd, alle rufen ihr persönliches Gebet aus, und es darf auch gelacht werden. Dann werde ich von einem Kirchgänger gebeten, auf die linke Seite, die Seite der Frauen zu wechseln. Gesagt, getan. Der

Priester fordert die Menge auf, das Mikrofon zu übernehmen. Nach kurzem Zögern meldet sich eine Frau und singt lautstark ins Mikrofon, bis alle einstimmen. Sie dankt Gott für ihre Kinder, das Diplom ihres Sohnes und für anderes, was ich nicht verstehe. Alle freuen sich, klatschen Beifall und johlen. Kein Festival also, stelle ich fest, sondern ein ganz normaler Gottesdienst. Es ist irgendwie anders als bei uns.

Irgendwann aber habe ich genug, es ist mir zu laut in der Kirche. Mit seiner dicken Brille erinnert mich der Priester optisch an einen der früheren mächtigen afrikanischen Despoten. Er hat seine Schäfchen fest im Griff, die Ablasszahlung in die vorne aufgestellte Box ist ihm gewiss. Doch das sind alles meine persönlichen Interpretationen, denn den Besuchern des Gottesdienstes scheint die Messe gut zu tun; sie wirken alle recht gut gelaunt.

Ich mache mich per Taxi auf den Weg zurück zum Hafen mit dem Namen „Port Autonome de Lomé". Die Preise müssen hier vor jeder Taxifahrt immer wieder neu ausgehandelt werden. Nach einer kurzen Fahrt hält das Taxi vor dem Hafen. Ich muss meine „Badge", meine Identitätskarte vom Schiff zeigen, um das Hafengelände betreten zu dürfen. Nach ein paar Wochen ist das nicht mehr nötig, denn irgendwann erkennen einen die Wachleute. Lastwagen und Autos drängeln sich vor der Ausfahrt, Container stapeln sich und warten darauf, abtransportiert zu werden. Dann sehe ich es auch schon, das Schiff mit dem Namen „Africa Mercy", das größte private Hospitalschiff der Welt.

Am Eingang des Schiffes muss ich mich erneut ausweisen. Hier haben die Gurkhas die Kontrolle, nepalesische Söldner, denen man es nicht ansieht, die aber durch und durch trainiert sind. Sie sind ausgesprochen freundlich und arbeiten hier als Sicherheitskräfte.

Die Welt außerhalb und innerhalb des Schiffes, auf dem ich vorübergehend leben werde, könnte nicht gegensätzlicher sein. Vor dem Port Autonome ruhen Frachtschiffe aus aller Welt bewegungslos am Horizont. Sie warten hier, bis sie in benachbarte Häfen einlaufen können. Ich stehe an der Reling auf Deck Sieben und betrachte die beiden Kriegsschiffchen, die neben uns im Wasser schaukeln. Sie wirken winzig neben der ehemaligen Eisenbahnfähre, die zum Hospitalschiff umgebaut wurde, das für drei Monate mein Zuhause sein wird. Das also ist die togolesische Kriegsmarine. Sie soll den Frachtern da draußen Sicherheit gewähren und den Hafen gegen Piraten schützen, die den Golf von Guinea unsicher machen. Nicht besonders groß. Hin und wieder kann man durch die Luken unserer ehemaligen Fähre, die einst Züge transportierte, Matrosen gegen die Wellen kämpfen sehen, das einzige für uns beobachtbare Training. Ansonsten schrubben sie ihre beiden Kriegsschiffe oder trocknen ihre Wäsche.

Der Hafen ist für Togo von großer wirtschaftlicher Bedeutung. Er ist Dreh- und Angelpunkt für die gesamte Region, also Mali, Burkina Faso, Benin, Niger. Mit deutscher Hilfe wurde er zum Tiefseehafen ausgebaut – einer der wenigen in Westafrika.

Vor meinem Aufenthalt konnte ich mir überhaupt nicht vorstellen, wie es auf so einem Schiff zugeht, wie es aussieht, wie es sich anfühlen könnte, hier zu sein. Ich muss mich daran gewöhnen und fühle mich etwas exotisch. Genau genommen fühle ich mich seit meiner Ankunft wie auf dem Raumschiff Enterprise. Oder besser: Als wäre ich vom Raumschiff Enterprise auf einem anderen Planeten abgesetzt worden. Mit seinen neun Decks gleicht das Schiff einem antiseptischen, künstlichen Mikrokosmos, der es einem erlaubt, es niemals verlassen zu müssen, denn es gibt alles, was man zum Überleben benötigt: Jede Menge soziale Kontakte, Essen, Trinken, einen kleinen Supermarkt, einen Kiosk, ein Café, eine Schule, einen Kindergarten, eine Bank, einen Friseur, eine Bibliothek, einen Swimmingpool, einen Fitnessraum, ein Krankenhaus. Letzteres ist das Zentrum des Ganzen, um das herum sich alles bewegt: Die „Africa Mercy" ist das größte Hospitalschiff der Welt, auf dem Menschen in Westafrika kostenlos operiert werden.

Ich bin weder Krankenschwester noch Ärztin, mein Job ist es, die rund 400 Mitarbeiter von Mercy Ships im Starbucks-Café mit Kaffee zu versorgen, ihnen am Kiosk Eis und Dosengetränke zu verkaufen und im Ship-Shop Shampoo, USB-Sticks und Anti-Mücken-Spray.

Mercy Ships ist vorübergehend meine Station. Ich möchte während meines Aufenthaltes die Gelegenheit nutzen, als Nichtmedizinerin die medizinischen Probleme in Westafrika kennenzulernen. Togo erscheint in der Weltpolitik unauffällig und klein, hat aber geschichtlich viel zu bieten: Das Land, einst deutsche Kolonie, ist Teil der sogenannten „Sklavenküste". Millionen Afrikaner wurden einst von hier in die Neue Welt verschickt. Eines der Sklavenverliese werde ich im Laufe meines Aufenthaltes besuchen.

Heute noch gibt es sklavereiähnliche Verhältnisse in Westafrika, in denen Kinder wirtschaftlich ausgebeutet werden. Ich werde während meines Aufenthaltes die Gelegenheit wahrnehmen, den Alltag von Kinderarbeiterinnen kennenzulernen.

Neugierig bin ich zudem auf Voodoo. Die Religion ist in dieser Gegend beheimatet. Am Ende meines Schiffsaufenthaltes werde ich durch Togo und Benin reisen, das Land, das als Wiege des Voodoo gilt.

Ich bin gespannt und erwarte viel.

DAS SCHIFF

Wer die Einsamkeit sucht, hat auf der „Africa Mercy" nichts verloren. Meine Versuche, mich in meiner Freizeit in meiner Koje in Ruhe meinem Notebook zu widmen, scheitern kläglich. In unserer Kabine herrscht ein ständiges Kommen und Gehen und es besteht immer Kommunikationsbedarf. Wir sind zu sechst, es gibt aber auch 10er-Kabinen, 4er-Kabinen und für die Langzeitmitarbeiter, also Freiwillige, die länger als zwei Jahre dabei sind, Einzelzimmer. Auch aus meinem Bemühen, unauffällig aus der Kajüte zu huschen, um oben in der Kantine ein Getränk zu holen, mit dem ich mich in meine Kabine zurückziehen möchte, wird nichts: Ständig trifft man Leute, unterhält sich, trinkt zusammen einen Kaffee. Ich komme etwa zwei Stunden später wieder zurück und weiß schon bald gar nicht mehr, was ich hier ursprünglich vorhatte.

Freiwillige Helfer aus etwa 40 verschiedenen Nationen halten das Schiff am Laufen, ein Großteil davon kommt aus den USA, viele aus Kanada und Europa, andere aus Australien, Neuseeland, Südafrika, wenige aus Lateinamerika und Asien. Die Organisation „Mercy Ships" wurde im Jahre 1978 von dem amerikanischen Ehepaar Don und Deyon Stephens in Lausanne gegründet und hat ihren Sitz mittlerweile in Texas. Mit 78 Betten, die dem Krankenhaus zur Verfügung stehen, sind bis zu 7000 Eingriffe pro Jahr möglich. Die medizinische Versorgung ist auf Operationen und zahnmedizinische Eingriffe beschränkt. Zudem werden vor Ort einheimische Ärzte ausgebildet und Schulungen zur Gesundheitsvorsorge – insbesondere für Frauen – durchgeführt. In Dörfern werden landwirtschaftliche und handwerkliche Ausbildungen angeboten.

Ganze Familien leben hier, einige Mitarbeiter schon seit vielen Jahren. Sie sind Ärzte, Krankenschwestern, Ingenieure, Matrosen, Küchenhilfen, Reinigungskräfte, Elektriker. Die meisten finanzieren sich über private Spenden, die sie selbst organisiert haben, oft über ihre Kirche. Ich finanziere mich selbst.

Gleich in den ersten Tagen meines Aufenthaltes fällt mir auf, dass sich die US-Amerikaner von allen anderen Nationen unterscheiden. Man könnte sagen, die freiwilligen Helfer des Schiffes bestehen aus US-Amerikanern und Nichtamerikanern. Das Verhalten der Ersteren ist für mich gewöhnungsbedürftig, alles ist „amazing!" und „awesome!".

Ich arbeite auf Deck Fünf und versorge die Mitarbeiter, die hier ihre Pause verbringen, mit Kaffee. Wahlweise sitze ich im Kiosk oder im „Ship Shop" direkt nebenan und kümmere mich um Seife, Shampoo, Batterien, Schokolade, Mehl oder T-Shirts. Die Ware wird in Containern aus Holland und den USA importiert. Das bedeutet immer viel Schlepperei in brütender Hitze auf Deck Zwei, wo die Lieferungen aus Übersee ankommen und dann ins Lager gebracht werden. Zudem müssen täglich die Regale im Laden und im Kiosk gefüllt werden. Da die Waren aus Amerika und Europa kommen, sind entsprechend bekannte Marken wie Pringles, Ritter Sport, M&Ms und diverse Sorten an Dosengetränken von Dr. Pepper über Sprite bis natürlich Coca Cola im Angebot.

Hinter der Kasse bietet sich mir die Möglichkeit, diskret kulturelle Sozialstudien zu betreiben: Die Begeisterungsstürme der meist jungen Amerikanerinnen, die ihre Lieblingsschokolade im Regal entdecken und sich lauthals darüber austauschen, klingen für meine deutschen Ohren recht extrovertiert, sind aber sehr unterhaltsam. Essen: Ein gewichtiges Thema unter Amerikanern. Das wissen sie und geben es gerne zu. Weniger beobachtungswürdig, wenn auch vertrauter, ist mir da schon die stillschweigende europäische Art, mit der das Objekt der Begierde auserwählt und an die Kasse gelegt wird.

Im Café werden meine Vorurteile gegenüber dem Konsumverhalten der Amerikaner bestätigt. Die 16 verschiedenen Geschmacksrichtungen, die dem Milchkaffee oder Cappuccino hinzugefügt werden können, reichen von Karamell über dunkle Schokolade, weiße Schokolade, Haselnuss, Amaretto bis zu Vanille und Mandel. Europäer verzichten in der Regel auf solche Geschmacksstoffe und trinken den Kaffee pur mit Vollmilch, der „gemeine" Amerikaner liebt diese Zusätze und versucht, sein Gewicht dafür mit wässriger 0,3-oder 1,5-prozentiger Milch im Lot zu halten. Meine Verwunderung ob dieser Zusammenstellung belustigt meine amerikanischen Kollegen – sie wiederum fühlen sich darin bestätigt, dass alle Europäer eben weniger Zucker konsumieren.

Ich finde es sehr spannend, mit Freiwilligen aus fast 40 verschiedenen Nationen auf einem Schiff zu leben und zu arbeiten, und das über drei Monate. Dabei bin ich beeindruckt von der hervorragenden Organisation. Die muss bei einer so hohen und stetig wechselnden Mitarbeiterzahl allerdings auch funktionieren, wobei es manchmal auch zu Engpässen kommt, wenn beispielsweise ein Arzt aus gesundheitlichen oder persönlichen Gründen absagen muss.

Doch was motiviert so viele Menschen, an dem Projekt teilzunehmen? Viele der Freiwilligen sind gläubig, andere wollten eine berufliche Auszeit nehmen. Doch alle verbindet die Sache, die auch Tina und Simon Hänel dazu veranlasst hat, ihre Heimat für eine befristete Zeit zu verlassen: „Wir wollten etwas Sinnvolles tun", erzählen sie. Tina arbeitet als OP-Schwester, Simon koordiniert die Dayworker, Ortskräfte aus Lomé, die als Übersetzer tätig sind, in der Kantine arbeiten oder in anderen Bereichen eingesetzt werden.

ESSEN

Restaurants und Clubs

Um das Land kennenzulernen, muss man herunter vom Schiff, in die Stadt und ins Landesinnere. Das machen wir häufig, und sei es nur, um essen oder etwas trinken zu gehen. Am Wochenende besuchen viele Mitarbeiter das „Hotel Sarakawa", nicht weit vom Hafen entfernt. Um den Pool herum und unter Palmen können die Gäste die Sonne genießen, dem Essen frönen und die Seele baumeln lassen.

Der nächste Fluchtpunkt ist das Meer. Neben dem Hotel „Cocobeach" gibt es ein günstigeres Restaurant direkt am Strand, das „Ramatou Plage". Hier verbringen viele ihre Wochenenden. Allerdings ist es nicht ungefährlich, hier zu schwimmen, denn die Brandung, Kalema genannt, ist sehr stark, und der Sog kann einen hinaus ins Meer ziehen. Während meiner Zeit brach sich ein Schiffsmechaniker die Schulter, weil ihn von hinten eine Welle erfasste und zu Boden warf, als er aus dem Wasser steigen wollte.

Was Restaurantbesuche betrifft, gibt es für uns verschiedene Möglichkeiten: Zum einen ein schickes Restaurant wie beispielsweise das „Côté Jardin", das von Fabien, einem Spanier, und seiner brasilianischen Ehefrau geführt wird. Hier sitzen beinahe ausschließlich Weiße. Über zwanzig Jahre hat Fabien in Köln gelebt, seine Frau ein paar Jahre weniger. So kann ich mich ganz entspannt auf Deutsch unterhalten. „Irgendwann wollte ich aussteigen", erzählt er, „und dann habe ich ein Jahr im Club Aldiana im Senegal gearbeitet. Das war wirklich harte Arbeit. Danach habe ich mich im Kongo selbstständig gemacht, und das Restaurant, das ich im Tschad eröffnete, war auch sehr erfolgreich." Das wundert mich nicht, er scheint ein Händchen für geschmackvoll eingerichtete Restaurants mit gutem Essen zu haben. Die Portionen sind zwar ganz französisch klein, doch das Essen ist hervorragend. Warum er sich anscheinend immer für exotische Länder entscheidet, kann ich nicht herausfinden, denn er verweist auf meine diesbezügliche Frage lediglich auf seine Frau, die an allem schuld sei. Dabei lächelt er wissend in sich hinein. Es scheint ihm zu gefallen, dass seine Frau als etwas verschwommene Ausrede herhalten muss.

Im „Rumba" sind wir wiederum die einzigen Weißen. Hier bringt uns Ernest hin, ein Ghanaer, der schon einige Jahre auf dem Schiff arbeitet. Das „Rumba" ist eine relativ große Bar mit Livemusik, doch wir kommen zu früh, die Bands treten erst zu späterer Stunde auf. Und so setzen wir uns in den hinteren Teil des Raumes und bestellen Cocktails. Allerdings nur, bis mein Chef Jeff mit ein paar anderen Mercy-Shiplern auf der Bildfläche erscheint. Bei seinem Anblick werden wir nämlich sogleich vom schlechten Gewissen heimgesucht, sollen wir doch keinen Alkohol trinken, und wenn, dann nur „in Maßen, zum Essen", wie wir auf der „Africa Mercy" belehrt wurden. Nach einer Weile drängt Ernest darauf, bald zu gehen, auf dem Schiff gibt es nämlich eine Ausgangssperre. Oder besser gesagt: Eine Eingangssperre. Wer zu spät kommt, bekommt Ärger. Und das wollen wir natürlich nicht.

Nummer 21

Auch das „La Villa" ist eine stilvoll eingerichtete Bar und recht schick. Offensichtlich trifft sich hier die togolesische Mittel- und Oberschicht. Es sind Männer mit Geld und schicke, sehr dünne Frauen, die ins „La Villa" gehen. Ein Caipirinha kostet 3500 CfA, das sind umgerechnet etwa 5,50 Euro. Hier lernen wir, Sophia und Jenneke, mit denen ich meine Kajüte teile, sowie Lijsje und ich, Franck Atsou kennen, der sich forsch zu uns an den Tisch setzte, weil er findet, dass wir es lustig haben. Ich bin begeistert, denn wie sich herausstellt, ist er die Nummer 21 der togolesischen

Nationalmannschaft. Zwar bin ich kein Fußball-Fan, erinnere mich aber, dass die togolesische Nationalmannschaft während der Weltmeisterschaft 2006 in Wangen im Allgäu untergebracht war. Hier leben meine Eltern und hier besuchte ich insgesamt elf Jahre die Schule. Was für ein Zufall! Voller Begeisterung erzähle ich ihm davon und er reagiert freundlich, aber gelassen: Franck ist einen solchen Wirbel um seine Person anscheinend gewohnt.

Er ist ein zurückhaltender, freundlicher Mensch, und einige Wochen später folgen wir seiner Einladung in sein Haus. Ein riesiger Flachbildschirm thront in seinem Wohnzimmer. Er fordert uns auf, an der Holzbar Platz zu nehmen. Während wir an unserem Wein beziehungsweise unserer Cola nippen, zeigt uns Franck Fotos von seinen Trainern, Ex-Freundinnen und Fußball-Kollegen. Auch eines aus Wangen ist dabei. Eigentlich ist darauf gar nichts zu sehen, nur er mit einem Kollegen vor einem Smart stehend - aber ich bin schon wieder sehr angetan. Was für eine kleine Welt!

Das Essen, das seine Schwester zubereitet hat, ist ausgesprochen lecker: Hühnchen mit scharfer Soße und Salat. Mir fällt auf, dass er nicht einmal aufsteht, um sich Wasser ins Glas zu füllen. Das übernimmt seine Schwester, die gar nicht in Togo wohnt, sondern mit ihrem Mann und Kind in Ghana. Wir sind hier in einem patriarchalischen Land, denke ich mir dazu. Das macht sich im Alltag auch daran bemerkbar, dass wir meistens mit Männern in Kontakt kommen: Auf dem Künstlermarkt sind die meisten Verkäufer Männer, die Taxifahrer sind Männer, angesprochen werden wir überwiegend von Männern.

Zu einem bestimmten Thema möchte Franck sich nicht äußern: „Über Politik zu reden, das ist gefährlich", sagt er. Das verstehe ich, zumal er eine öffentliche Person ist und dazu Sportler. Außerdem ärgere er sich nur. Die Situation habe sich zwar – verglichen mit früheren Zeiten – verbessert, aber in der Politik liefe alles nur über Beziehungen. Auf meine Frage, ob er denn nicht selber in die Politik einsteigen wolle, lacht er nur und entgegnet: „Auf gar keinen Fall. Da wird man nur zwangsläufig in die Vetternwirtschaft hineingezogen, ob man will oder nicht."

Leider muss er einsehen, dass unsere junge, blonde, langhaarige Jenneke, auf die eigentlich ausnahmslos alle Togolesen ein Auge werfen, wenig Interesse an einer intensiveren Freundschaft mit ihm zeigt. Aber er ist ja ein bisschen berühmt und lebt zurzeit in Belgien, da wird er bestimmt noch eine passende Partnerin finden.

Nach dem Essen kommen weitere Freunde von ihm zu Besuch. Nach einer Fotosession und einer Tanzeinlage von Franck und Lijsje bringt er uns nach Hause. Unterwegs werden wir von einem Polizisten angehalten. Franck gibt ihm Geld. „Ein Freund," wie er uns erklärt. Ein Fan wohl eher, der ihn weiterfahren lässt. Wir schaffen es nicht rechtzeitig bis 22.30 Uhr zum Schiff, das heißt, wir verpassen die Sperrstunde. Sage und schreibe 20 Minuten sind wir zu spät, und das, ohne es vorher angekündigt zu haben. Es ist möglich, über Nacht wegzubleiben, wer aber nur ausgeht, der muss rechtzeitig zurück sein. Das ist ja prinzipiell auch in Ordnung, denn es geht auch um die Sicherheit der Besatzung, wir sind hier nun mal in Afrika. Jedenfalls bringt das uns Vieren nicht nur einen mündlichen, sondern auch gleich einen schriftlichen Tadel ein. Da hat es der Rezeptionist ganz genau genommen. Endlich hatte er mal etwas zu tun! Eine Entschuldigung ob dieser übersteigerten Reaktion folgt jedoch ein paar Tage später vom Sicherheits-Officer Roger, und so ist dann alles wieder gut.

Im Laufe meines Aufenthaltes lerne ich noch andere gute Restaurants in Lomé kennen: Das „Greenfields", in dem einmal in der Woche Kinofilme gezeigt werden, eine Pizzeria oder das „Le Gallion", das ebenfalls europäische und amerikanische Gäste bedient. Jeden Freitag tritt hier eine Liveband auf, die gekonnt alles verjazzt, von den Beatles bis Bill Withers.

Doch die andere Möglichkeit, essen zu gehen, ist die interessantere: Das Essen, das auf der Straße angeboten wird. An kleinen Ständen oder in einfachen, kleinen Restaurants wird gebratener Fisch angeboten, Ziegenfleisch, Huhn und Rind. Dazu gibt es Reis, das sogenannte „Com" aus Mais oder beispielsweise Foufou. Das ist zu Püree verarbeitete Yamswurzel. Eines Abends führt uns Ghislain vom Schiff in ein solches Straßenrestaurant. Auf Plastikstühlen machen wir es uns neben der Hauptstraße gemütlich, doch das Ziegenfleisch mit schleimig-grünem Okra-Gemüse bringe ich kaum herunter. Allerdings lerne ich im Laufe meines Aufenthaltes das togolesische Essen sehr zu schätzen.

Besonders mag ich Bohnen mit wie Semmelbrösel grob gemahlenem, in Öl gebratenen Maniok. Das Essen auf der Straße schmeckt sehr gut und ist ausgesprochen preisgünstig: Eine mittlere Portion kostet etwa 75 europäische Cent bis zu einem Euro. Hier esse ich zum ersten Mal Fisch mit den Händen. Das schmeckt tatsächlich genauso gut wie mit Messer und Gabel, obgleich ich diese bei nachfolgenden Straßenessen bevorzuge.

RELIGION

Viele Menschen, in der für mich noch etwas befremdlichen Schiffswelt, beten zu Gott. Alle zu demselben, doch auf unterschiedliche Art. Alles in allem sind, um ein wenig in Klischees zu verfallen, Nichtamerikaner in dieser Hinsicht etwas pragmatischer. Sie glauben zwar auch an den Teufel (was mir logisch erscheint, denn ohne ihn müsste die ganze Welt ja eigentlich ganz anders aussehen, viel besser!), doch das Bild, das die gläubigen Amerikaner auf dem Schiff haben, ist, verglichen mit den meisten Europäern, plakativer und sieht folgendermaßen aus:

In Westafrika wütet nicht nur der Teufel, nein, auch Dämonen treiben hier ihr Unwesen. Es herrscht Krieg zwischen Gut und Böse. Das Böse ist hier zu Hause und äußert sich unter anderem im Voodoo-Glauben, der im benachbarten Benin seinen Ursprung hat und dort sogar als Staatsreligion anerkannt wird. Der westlichen, insbesondere der amerikanischen Welt eifern die Afrikaner ihrer Meinung zufolge nach: Wir Amerikaner kommen, um die Welt vom Bösen zu befreien!

Ab und zu fährt mein Chef Jeff auf den Künstlermarkt, um Souvenirs für den Ship Shop einzukaufen. Aus Ebenholz geschnitzte Figuren, Bilder, in leere Whiskyflaschen abgefüllte Nüsse, T-Shirts, Aschenbecher. Doch eines fehlt hier: Afrikanische Masken. „Die kann ich hier nicht hinstellen", sagt Jeff und nennt sogleich den Grund: die bösen Geister. Wie unbedarft ich vor meiner Ankunft doch war! Ich höre sogleich eine exemplarisch zu verstehende Geschichte. „Ich habe mal ein Ehepaar kennengelernt, das hatte sich eine Maske gekauft", erzählt meine Kollegin Michelle, während sie mich im Ship Shop abkassiert, weil ich hier auch einmal was kaufen will. „Seitdem ist viel passiert. Menschen in ihrer Umgebung sind gestorben und auch sonst ist ihnen viel Unglück widerfahren. Dann haben sie sich von der Maske getrennt. Daraufhin ging es wieder bergauf. Die Maske war verhext!" Ich versuche ganz kurz, diese Theorie zu hinterfragen, doch Michelle würgt mich ab. Es ist so, alles andere sei naiv. Was für ein Glück, dass die vielen Masken, die meine Eltern während ihrer jahrelangen Afrikaaufenthalte gesammelt haben, nicht verwünscht waren! Eigentlich wundere ich mich, dass Christen an so etwas glauben, handelt es sich doch um einen Aberglauben, der von ihnen abgelehnt wird. Wieso nimmt man dann an, dass Fetische überhaupt Macht besitzen? Und wenn ich ernsthaft als Christ an einen Gott glaube, muss er doch so stark sein, dass alles andere mir nichts anhaben kann?

Jeff, den ich eigentlich für bodenständig halte, unser sympathischer, organisierter, freundlicher und erstaunlicherweise erst 21-jähriger Manager, ist zudem von Wunderheilungen durch Beten überzeugt, wie er uns in einer aufschlussreichen „Dokumentation" – so nennt sich der Film – zeigt. Da stehen Menschen in Reih und Glied und lassen sich von anderen Menschen heilen, die betend ihre Hand auf die Schulter der von beispielsweise Rückenschmerzen Betroffenen legen. Eine Teufelsaustreibung in einem afrikanischen Land zeigt eine sich auf dem Boden windende und schreiende Frau, Drogenabhängige finden ihre Erlösung im Glauben. Ich schaue mir den Film mit Neugier und Staunen an, zweifle ich doch an solch übersinnlichen Kräften. Es beeindruckt mich aber, dass keiner der Christen auf dem Schiff versucht, mich von seiner Ansicht zu überzeugen. Das habe ich insbesondere unter Katholiken in Deutschland auch schon anders erlebt. Meine Fragen und Bedenken hinsichtlich des Glaubens werden in Gesprächen, die wir hin und wieder in unserer freien Zeit führen, nicht einfach abgetan, sondern ich erlebe Menschen, die selber versuchen, zu verstehen und von Zeit zu Zeit hadern. Nur haben sie sich dafür entschieden, zu glauben. Und wenn ich bei der Andacht, zu der sich unser Team allmorgendlich trifft, ein wenig Zweifel anbringe, werde ich einfach fürsorglich-liebevoll angelächelt. Da erwartet wird, dass auch ich anwesend bin, nutze ich den Moment, mit einer Tasse Kaffee in aller Ruhe den Tag zu beginnen.

Bemerkenswert ist allerdings nicht nur die religiöse Praxis auf dem Schiff, sondern auch die außerhalb der „Africa Mercy". Hier in Westafrika vermischen sich nämlich die Glaubensrichtungen oft. „Manche Leute gehen morgens in die Kirche und abends in die Moschee", erzählte mir Simon, der zuvor mit Mercy Ships in Sierra Leone war. Menschen, die einer der beiden Weltreligionen angehören, sind zudem oft gleichzeitig mit Naturreligionen verbunden. Zu Beginn konnte ich mir das nicht erklären, wo doch in vielen Ländern Religionen immer wieder zu Feindschaften und Kriegen führen und führten. Doch im Gegenteil besteht darin gar kein Widerspruch. Als die ersten Missionare nach Afrika kamen, betrachteten die Einheimischen das Kreuz nämlich als sehr mächtigen Fetisch, sodass diese Vermischung also keinen Widerspruch darstellt, sondern sich beides vielmehr ergänzt.

TOGOVILLE

Voodoo-Gebiet

In diesem Sinne stoße ich dann aber doch auf starke Vorbehalte, was meinen Besuch in Togoville betrifft. „Mach das nicht, das ist gefährlich!", werde ich gewarnt. Susan Parker, die Frau des Arztes Dr. Gary Parker, die am Vortag eine Rede über Voodoo gehalten hatte, kann mir vor Ärger kaum in die Augen schauen. „Das habe ich mit meinem Vortrag über Voodoo nicht bezweckt, dass jetzt Leute auf den Fetischmarkt wollen. Oder nach Togoville. Du bist sehr angreifbar, wenn du dahin gehst!" Ich wollte ohnehin auf den Markt, und jetzt erst recht. Aber zunächst will ich eben nach Togoville. Das ist die ehemalige Hauptstadt des ehemaligen deutschen Schutzgebietes Togoland. Bevor ich mich dorthin aufmache, erzählt mir eine amerikanische Mitarbeiterin, wie sie sich vor Ort gegen die dort drohenden Gefahren wappnete: „Als ich durchgelaufen bin, habe ich gebetet, um die Geister abzuwehren."

Ich kann nicht anders, ich bin neugierig darauf, hier in Togo den Voodoo-Glauben kennenzulernen. Immerhin gehört Voodoo zur hiesigen Kultur. In Togoville stößt man ständig auf Symbole dieser Religion: Da steht ein Altar, auf dem Hühner geopfert werden, an Bäumen hängen blutgetränkte Stofffetzen, und Götterstatuen schützen Haus und Eigentum. Meine neuen Mercy-Ships-Freunde Sophia, Debora, Ellen und ich verbringen ein Wochenende in der „Auberge du Lac", einer idyllischen Herberge mit Bungalows und Sandstrand, wo wir uns leckere Shrimps schmecken lassen. Von hier aus kann man sich mit einer hauseigenen Piroge nach Togoville fahren lassen.

Erst einmal aber erholen wir uns unter Palmen am Ufer. Es ist wie Urlaub. Der Wind rauscht durch die Blätter, auf dem Wasser holen Fischer ihre Netze ein. Wir liegen unter einem Dach aus

Bananenblättern und beobachten Einheimische und eine Touristin beim Baden. Der See ist ruhig und ich schlafe direkt auf dem Sandstrand ein. Nachdem wir etwas gefaulenzt haben, gehen wir zurück zum Bungalow, den Sophia und ich bezogen haben, und entdecken eine Karawane ziemlich großer Ameisen, die geschäftig über eine tote Kakerlake herfallen. Die Ameisenstraße führt von der Futterquelle neben dem Bett direkt ins Bad. Ich mag Tiere sehr gern und weiß, dass auch Ameisen und Kakerlaken Tiere sind, aber für Insekten habe ich wirklich kein Faible, Sophia ebenso wenig. Ich reiße mich jedoch zusammen, schubse mit dem Schuh die Kakerlake durch die Eingangstür auf die Wiese und hoffe, dass sich damit das Problem erledigt hat.

Dann machen wir uns auf nach Togoville, ich bin schon sehr gespannt. Die Fahrt auf dem See ist ruhig. Unterwegs beobachten wir Fischer, die sich um ihre Fangnetze kümmern. Mitten auf dem See ist ein Quadrat mit vier baumhohen Stöcken abgesteckt: Es handelt sich um Voodoo-Gebiet. „Man darf da auf keinen Fall durchfahren, denn an dieser Stelle werden Kühe und Ziegen geopfert," erklärt unser Bootsfahrer, der, um vorwärtszukommen, die Piroge mit einem Stock vom Boden abstößt, denn der See ist nicht tief. „Vor gar nicht allzu langer Zeit, da ist es passiert. Ein Fischer hatte den Bereich mit seinem Boot überquert, und dann ist er gestorben." Also besser nicht nachmachen, denn wir wollen weiterleben. Und Sophia stellt fest, dass sie nun, da sie wisse, dass hier Tierleichen auf dem Grund liegen, bestimmt nicht in diesem See schwimmen gehen werde; das hatten wir uns nämlich zuvor überlegt.

Von weitem schon sehen wir den Kirchturm aus dem Grün ragen, das den See säumt. Am Ufer spielen Kinder und winken uns zu. Angeblich kann die Piroge nicht direkt an den Steg fahren, deswegen werde ich praktisch ungefragt aus dem Boot gehievt und an Land getragen. Eine gute Möglichkeit für die Togoviller, für diese - wenngleich nicht erwünschte - Dienstleistung Geld zu verlangen. Ich mache mit, die anderen drei, mit denen ich hierher gereist bin, regen sich so darüber auf, dass der Fahrer das Boot doch noch an den Steg schubst.

Auf den Spuren deutscher Geschichte

Einer der Männer, die sich als Guides ausgeben, setzt sich durch und wir folgen ihm. Als erstes führt er uns zum Haus des Dorfchefs mit dem Namen Mlapa V Moyennant. Dort empfängt uns dessen Sohn Mlapa Rigobert, da sein Vater nicht da ist. Die Hühner, die vor dem Haus herumrennen, sind mit farbigen Bändern bestückt, damit sie den Eigentümern zugeordnet werden können. Auf dem Platz vor dem Eingang steht ein Voodoo-Objekt. Eine Art Brunnen, in dem Behälter stehen, die Wasser auffangen. Zu dem Brunnen kommen Kranke, die geheilt werden wollen, erklärt uns unser Guide mit dem Namen Mpala K. Richard, der angeblich ebenfalls mit dem Dorfchef verwandt ist. Die ganze Nachbarschaft wird von Legba beschützt, dem Gott des Kreuzwegs, dessen Statue neben dem Haus des Dorfchefs steht. Hier, im Maison Royale, dürfen wir unsere Namen in ein Gästebuch eintragen und Geld für die Waisenkinder des Dorfes spenden. Wir wissen, dass das Haus geschichtsträchtig ist, und Sohn Rigobert, ein freundlicher Mann, weiß einiges darüber zu berichten.

Hier wurde im Jahre 1884 der Protektoratsvertrag zwischen Gustav Nachtigal, dem deutschen Generalkonsul für Westafrika, und einem Vertreter des Königs Mlapa III geschlossen. So kam es, dass Togo deutsche Kolonie wurde und dies auch bis zum Ersten Weltkrieg blieb, obgleich Reichskanzler Bismarck ursprünglich kein Anhänger der Idee deutscher Kolonien war. Allerdings weniger aufgrund seiner humanitären Einstellung, als vielmehr aus finanziellen Motiven. Kolonien waren ihm einfach zu teuer. Und so nannte er die vereinnahmten Gebiete auch nicht

„Kolonien", sondern „Schutzgebiete", um den Begriff „Kolonie" zu umgehen.[1]

Jeder von uns darf sich einmal auf den Thron von Mlapa III setzen, der noch immer im Maison Royale steht, und sich abfotografieren lassen. Rigobert erzählt von den Sklaven, die hier auf dem Markt gehandelt wurden, bevor man sie nach Amerika verschiffte. Er zeigt uns die schweren Ketten, mit denen sie am Weglaufen gehindert wurden.

Der Papst und der Thron

Besonders bemerkenswert finde ich aber die Fotos von Papst Johannes Paul II, der im Jahre 1985 diesem kleinen Ort einen Besuch abstattete, weil im Jahre 1973 angeblich die Heilige Jungfrau Maria aus eben diesem See gestiegen sei. Stolz zeigt uns Rigobert Zeitungsausschnitte und Bilder, auf denen tatsächlich der Papst auf dem Thron in einer Piroge sitzt.

Ja, die Katholiken. Vielleicht, überlege ich, war es aber auch die Wassergöttin Mami Wata, die da aus dem See emporkam. Neben der Kathedrale in der Nähe des Ufers steht die nachgebaute Piroge, auf der die Jungfrau Maria - oder eben Mami Wata - erschien. Mami Wata ist übrigens auch der Grund, weshalb auf der „Africa Mercy" das Design von Starbucks geändert werden musste. Auf diesem Emblem ist eine Meerjungfrau zu sehen, welche die Togolesen an den Wassergeist erinnert, was bei einigen einheimischen Besuchern auf dem Schiff wohl nicht gerne gesehen wurde. Ganz ähnlich wie in Saudi-Arabien, wo die abgebildete Sirene auf dem Starbucks-Emblem 2008 in eine Krone abgewandelt wurde, dort allerdings, um den moralischen Ansprüchen der Saudis zu genügen.

Jedenfalls kann ich ab jetzt immer damit angeben, auf demselben Stuhl wie Papst Johannes Paul II gesessen zu haben, denke ich glücklich.

---

[1] Vgl. Graichen, Gisela/Grüner, Horst (2005): Deutsche Kolonien, Berlin, Ullstein Buchverlage, S. 92

Dann führt Richard uns durchs Dorf und wir sehen das blutgetränkte Tuch und den Altar mit dem toten Huhn. Heute ist der Markt leider geschlossen, aber Richard erzählt, dass man dort nicht für Geld ein- oder verkauft, sondern dass hier Ware gegen Ware getauscht wird. Die Straße, die von der Anlegestelle zur 1910 von den Deutschen errichteten Eglise de Notre-Dame du Lac Togo führt, wurde damals extra für den Papstbesuch gebaut. Der Brunnen, der ganz in der Nähe der Kathedrale steht und im gleichen Jahr entstand, war der Erste hier in Togoville. Leider werden die Frauen, die sich daraus bedienen, fuchsteufelswild, als wir sie um Fotografiererlaubnis fragen. Auch später ernten wir verärgerte Blicke und – ich nehme mal an – Verwünschungen ob unserer Versuche, Alltagssituationen von Einheimischen fotografisch festzuhalten. Unser Guide erweist sich auch nicht gerade als fremdenfreundlich. Wir fragen zu viel. Und wir sind ihm zu langsam. Die Bezahlung, die wir mit ihm zu Beginn ausgehandelt haben, ist ihm am Ende zu wenig. Das Trinkgeld auch. Das Rückgeld, das er mir aushändigt, besteht aus Scheinen und ist so zerknüllt, dass ich erst später merke, dass ein Schein fehlt; es hätten zwei sein sollen.

Zum Schluss genehmigen wir uns ein Youki, eine togolesische Getränkemarke in der Bar „Bar Be Cool", einer Art Kiosk mit Tischen. Die Besitzerin, eine junge Frau mit Kind, ist gut gelaunt und freut sich sehr über die Luftballons, die Ellen, unsere Schweizer Mitreisende, für den Fall der Fälle mitgenommen hat, falls sie irgendwo in Kontakt mit Kindern kommt. Meine Geschmacksnerven springen auf das Getränk „Sport actif" an.

Das Kleingeld, das Richard mir für die Getränke zurückzahlen muss, knallt er mir ungezählt aus seiner Hosentasche auf den Tisch. Kann er wirklich in Sekundenschnelle mit seinen Fingern die Münzen in seiner Hosentasche abzählen? Solche Fähigkeiten sind mir nur aus dem Film „Rainman" aus dem Jahre 1988 bekannt oder von Zauberern. Soweit ich das einschätzen kann, ist er aber keiner. Ich will den Rest auch haben. Wenig begeistert gibt er mir noch mehr. Ich zähle nach. Es stimmt noch immer nicht. Missmutig händigt er mir das Restgeld aus, schaut mich von der Seite an und sagt: "You're good". Na, wenigstens ein Lob zum Schluss.

Zurück am Ufer werden wir erneut hochgehievt und in die Boote getragen. Das passt den anderen zwar gar nicht, ich finde aber, dass sie ulkig aussehen, wie sie so hilflos in den Armen der Togoviller liegen.

Mit der Piroge geht es wieder zurück zum Hotel. Die Fahrt ist wunderbar. Den Sonnenuntergang zu unserer Rechten, gleiten wir mit dem Holzboot bis zum Rand des Sees, denn da ist es für unseren Bootsmann einfacher, vorwärtszukommen. Die Wellen sind dort schwächer. Die Sonne erreicht den Horizont und verschwindet schnell hinter der Erdkugel, dann ist es dunkel. Wie aus dem Nichts erscheinen Fischer, die mitten im See stehen. Sie sind nur schemenhaft zu erkennen. Ein wenig unheimlich ist mir dabei: Wie einfach wäre es, über uns herzufallen. Doch es bleibt ruhig, lediglich ein paar Frösche geben Laute von sich. Die Sterne leuchten klar, und nach einer Weile sehen wir die Lichter des Hotels. Als wir es erreichen, ist unser Bootsführer sichtlich erschöpft.

Wir gehen in unseren Bungalow und stellen erleichtert fest, dass die Ameisen verschwunden sind. Danach sitzen wir zu viert am See. Wir trinken unter dem afrikanischen Himmelszelt ein Bier und lauschen dem Plätschern des Sees.

DAS HAUS DER SKLAVEN

Schwere Schritte über den Köpfen. Die Holzdielen knarren. Stimmen, Gläser, Stühlerücken. Es ist stickig, dunkel, die Decken hängen niedrig, keine 1,50m hoch. Wie Tiere auf dem Schlachthof zusammengepfercht harrten seinerzeit die Sklaven unter dem Fußboden ihres Schicksals. Es muss der reinste Albtraum für die Gefangenen gewesen sein. Über ihnen warteten die Sklavenhändler.

Nach einem weiteren Wochenende am Togosee machen Claudia, eine Krankenschwester, und ich einen Abstecher zur „maison des esclaves", zum Haus der Sklaven. Es steht im ehemaligen Porto Seguro, dem sogenannten „sicheren Hafen". Heute nennt sich der Ort Agbodrafo. Er liegt nicht weit entfernt vom „Auberge du Lac".

„Dieses Haus diente als Handelsplatz für Sklaven, die aus Sokodé, Atakampé, Notsé, Tado, Valley of Mono kamen", erklärt uns der örtliche Guide. Obgleich der transatlantische Sklavenhandel zu Beginn des 19. Jahrhunderts in Europa abgeschafft worden war, ging der Handel mit Menschen weiter, nur eben inoffiziell. Zu diesem Zweck wurde 1835 neben Ouidah in Benin Porto Seguro eingerichtet.

Auch Deutsche waren hier, allerdings erst gegen Ende des 19. Jahrhunderts und um zu missionieren.

„Der Markt in Togoville, auf dem die Sklaven verkauft wurden, nannte sich Blokotissimé", erklärt unser Guide. „Danach wurden sie mit einer Piroge über den See zum anderen Ufer und hierher zum Sklavenhaus verfrachtet." Nach ein bis zwei Wochen des Wartens mussten sie bis zum Strand laufen. Dort holte sie ein Kanu ab und brachte sie zu den Schiffen. Ohne Umwege wurden sie dann nach Übersee verschifft. „Es gab drei Arten, wie die Sklaven auszuharren hatten", erzählt uns der Guide. „Sitzend, liegend, halbsitzend. So sollte sichergestellt werden, dass sie stark sind und durchhalten können."

In Hinblick auf mein Verhältnis zu den hiesigen Fremdenführern ist der Wurm drin. Claudia und ich hatten uns vom Taxi vor dem Tor des Sklavenhauses absetzen lassen. Im Hof ging ich, bevor ich überhaupt wusste, wer der Ansprechpartner sein würde, ganz unbedarft die Treppe des Hauses hoch, da ich dachte, der alte Mann hinter dem Tisch nehme das Eintrittsgeld entgegen. Inzwischen hatte sich aber der vermeintliche Guide stillschweigend hinter den Betonklotz gequetscht, der zum Andenken an den 200. Jahrestag der Abschaffung der Sklaverei aufgestellt worden war. In einer für mein Verständnis reichlich überheblichen Art wies er mich zurecht, ich solle herunterkommen und ihm zuhören. „Das ist ein alter Mann. Glaubst du, der arbeitet hier?" Woher sollte ich das wissen? Sein Zeigefinger schwebte in der Luft. „Komm – hier - runter!" Nun zeigte der Finger Richtung Boden. Dabei schaute der Guide nicht mich an, sondern ein wenig arrogant gen Himmel. Er wusste, wenn ich Informationen haben wollte, müsste ich mich seinem Willen beugen. So würde ich noch nicht einmal mit einem 10jährigen verzogenen Kind reden. Ob er so mit einem erwachsenen Mann umgegangen wäre? Ich fragte ihn, was er eigentlich für ein Problem habe, worauf ich allerdings keine klare Antwort erhielt.

Am Ende seiner Einführung möchte er wissen, wer wir sind. „Mercy Ships" ist ein Schlagwort, das sein Verhalten schlagartig ändert, von überheblich zu devot. Das muss nun auch wieder nicht sein. Claudia, meine Begleitung, gibt ihr Bestes, durch viele Fragen - etwas, was die Guides hier erfahrungsgemäß eigentlich nicht unbedingt mögen – die Situation zu entschärfen. Auch ich stelle nach kurzer Zeit viele Fragen, die er bereitwillig beantwortet in der Hoffnung, dass durch uns weitere Besucher kommen werden, wie er uns mitteilt.

Das Sklavenhaus ist insgesamt renovierungsbedürftig. Das

Dach des Gebäudes wurde 1958 und 2006 erneuert. Die Zimmer sind zum Teil recht baufällig; in einem ist die Hälfte des Bodens durchgebrochen. Tische, Bänke, Schränke, Tresore, alles steht dort noch im Originalzustand aus der Zeit der Sklavenhändler. Um in den Keller zu gelangen, krochen die Sklaven durch ein Loch in der Hauswand von außen hinein. Auch mitten im Hauptraum, in dem ein großer Holztisch steht, um den sich die Sklavenhändler seinerzeit versammelten, diskutierten, tranken und aßen, gibt es eine verschließbare Luke, durch die wir drei krabbeln, um uns im Untergeschoss einen Eindruck zu verschaffen. Ich kann gerade mal hocken, so niedrig ist der Abstand zur Decke aufgrund der erhöhten Erdschicht mittlerweile über die Jahrzehnte geworden.

Hier unten waren damals etwa hundert Sklaven untergebracht.

Der Guide und ich verstehen uns mittlerweile prima. Zumindest gibt er sich ausgesprochen zuvorkommend, nicht mehr wiederzuerkennen. Er hilft mir sogar, indem er mich an der Hand wieder aus der Luke heraus in den Hauptraum zerrt.

Langsam setzt die Dämmerung ein. Vor dem Eingang wartet der Taxifahrer auf uns, er scheint etwas ungeduldig zu sein. Unser Besuch in der „maison des esclaves" hat ein wenig länger gedauert als erwartet. Im Dunkeln fahren wir zurück zum Schiff. Wir hängen unseren Gedanken nach. Originalschauplätze mit Originalmöbeln im Originalzustand zu sehen, finde ich immer beeindruckend. Was für ein entsetzliches Menschenbild hatten die Europäer damals. Aber nicht nur sie. Es galt auch für die Könige des Landes, die sowohl Kriegsgefangene als auch ihre eigenen Landsleute an die Händler verkauften.

EIN AUSFLUG ZUM FRIEDHOF

Nach einer weiteren Arbeitswoche auf der „Africa Mercy" schlägt Lijsje vor, zusammen einen Ausflug zu unternehmen. Ich habe fast jedes Wochenende frei, einige auf dem Schiff wie Lijsje, die Krankenschwester, oder Sophia, mit der ich meine Kabine teile und die in der Bordküche arbeitet, haben unregelmäßigere Arbeitszeiten.

Lijsje hat sich das Moped von Cyle ausgeliehen, der als „Hospital Supply Coordinator" auf dem Schiff arbeitet. Wir wollen ein bisschen herumfahren. Ich trage einen Helm und sitze hinten. Beim Rechtsabbiegen aus dem Kreisverkehr kommt es zu einem Verkehrsstau, ebenso weiter vorne, als wir versuchen, über staubige Seitenstraßen die große Baustelle auf der Hauptstraße zu umfahren. Das ermöglicht uns, einen kurzen Blick in die Verschläge zu werfen, die direkt an der Straße aufgebaut sind.

Es ist laut, es ist dreckig, die Luft ist verschmutzt. Durch Pfützen und Abgase hindurch schaffen wir es bis hinaus aus der Stadt, und nun säumen Palmen und afrikanische Hütten die Küstenstraße nach Benin. Wir wollen das Schöne mit dem Lehrreichen verbinden und fahren in Richtung Aného. Dort stoßen wir auf die Kathedrale mit dem Namen „Cathédrale Saints Pierre et Paul" aus dem Jahre 1898. Wir stellen das Moped ab und gehen hinein. Die Wandgemälde sind in erstaunlich gutem Zustand. Sie zeigen das Leben Jesu und darüber Abbildungen aus dem Alten Testament.

Wir bekommen Hunger. Vor einem alten portugiesischen Kolonialbau verkauft eine Frau mein Lieblingsessen: Bohnen mit gemahlenem Maniok in Öl gebraten. Die Verkäuferin ist interessiert an meiner Kette, an der mein Schiffsausweis mit meinem Namen hängt - ich soll sie ihr geben. „Eine Portion Maniok gegen die Kette!", schlägt Lijsje geistesgegenwärtig vor, was die

Verkäuferin amüsiert. Sie scheint sehr angetan von Lijsjes Verhandlungsbereitschaft und häuft uns unsere Teller voll. So sind wir beide satt und sie stolze Besitzerin meiner Kette. Danach geht es ein paar hundert Meter weiter zum Deutschen Friedhof. Der ist leider zugesperrt. Aber Lijsje ermutigt mich, ganz illegal über die Mauer zu springen. Sie wolle, so schlägt sie vor, so lange Wache halten. Gesagt, getan. Ich komme mir ganz verwegen vor, wie ich so über den Friedhof geistere, und erkunde ein wenig die Inschriften. Deutsche Namen finde ich allerdings keine, zumindest nicht in dem Abschnitt, in dem ich mich bewege.

Nach unserem kleinen Ausflug geht es auf dem gleichen Weg zurück. Doch Lijsje setzt mich auf dem Weg zum Hafen an der „Auberge du Lac" ab, bevor sie weiter zum Hafen fährt. Sophia sitzt am Ufer des Sees und wartet auf Jenneke, Ulrike und Elise, die soeben über den Strand von ihrem Ausflug nach Togoville zurückkehren. Man muss nicht viel von Körpersprache verstehen, um zu erkennen, dass sie von der Exkursion alles andere als angetan waren. Auch die drei hatten herzlich wenig Lust, sich vom Boot aufs Land tragen zu lassen, und auf einen Guide hatten sie ganz verzichtet. Die Einwohner fanden sie unfreundlich. Dass wir bei unserem Ausflug jemanden engagiert hatten, uns den Ort zu zeigen, bereue ich jedoch nicht. Im Gegenteil, denn das hatte uns einen Besuch beim Sohn des Dorfchefs beschert, der uns wiederum in die Geschichte des Ortes einweihte. Und wann hat man schon die Möglichkeit, auf demselben Stuhl sitzen zu dürfen, auf dem bereits Papst Johannes Paul II Platz nahm? Dass unser Guide Richard selbst kaum Ahnung von der Geschichte Togovilles hatte, und wenn, sie uns zumindest nicht zu vermitteln vermochte, ist dabei gar nicht so wichtig. Hier in Togoville hatte ich jedenfalls meinen ersten Kontakt mit Voodoo – weitere sollten im Laufe meines Aufenthaltes folgen. Dass die Menschen uns tendenziell misstrauisch begutachteten, bringe ich nicht unbedingt mit dieser Religion in Verbindung. Auf jeden Fall möchte ich mehr über Voodoo in Erfahrung bringen und nehme mir vor, noch während meines Aufenthaltes nach Abomey in Benin zu fahren, in das Zentrum des Voodoo.

DER GRAND MARCHÉ

Mittlerweile habe ich mich in meinen Arbeitsbereich einge-
arbeitet. So langsam weiß ich in etwa auch, welcher Mitarbeiter
welche Sonderwünsche bei der Zusammensetzung seines Geträn-
kes hat. Abends vergnügen wir uns unter der Woche im Café,
schauen uns Filme an oder gehen essen. Leicht zu erreichen ist
auch der Deutsche Seemannsclub, der „Foyer des Marins", dem
ein Hotel und eine Bar angeschlossen sind. Zentrum der Anlage
ist ein Pool. Hier sitzt es sich schön an lauen Abenden unter freiem
Himmel. Wer unter Heimweh nach Deutschland leidet, kann
sich im direkt daneben liegenden „Alt München" bei einer herz-
haft-bayerischen Schweinshaxe wegträumen - oder eben -essen.

Am Wochenende, wenn ich frei habe, unternehme ich Ausflüge oder gehe in die Stadt, um auf dem Grand Marché, auch
„Assigamé" genannt, herumzuschlendern. In Lomé bewegen
wir uns häufig mit einem Zemidjan vorwärts, obgleich das nicht
ungefährlich ist. Viele Unfälle enden tödlich. Selbst Togolesen
erzählen uns, dass sie deswegen diese Art Taxi nicht benutzen.
So berichtete eine Mitarbeiterin vom Schiff von einem Motor-
radunfall. Im Vorbeifahren sah sie einen verletzten Jungen auf
der Straße liegen, dem das Blut aus dem Kopf schoss. Dennoch
greifen wir häufig auf die Zemidjans zurück. Sie sind günstiger
als Taxis, und es macht uns Spaß, so ohne Helm auf dem Rücksitz
durch die Straßen Lomés zu fegen, vorbei an lauten Musikboxen,
zwischen Autos hindurch und an Straßenständen vorbei. Ich
fühle mich frei, den Menschen und dem Leben der Stadt näher.

Der Markt, zu dem wir häufig mit diesen Moped-Taxis fahren und auf dem wir unsere Souvenirs kaufen, bietet auch jede
Menge anderer Dinge für den Alltagsgebrauch. Wie auf jedem
afrikanischen Markt geht es hier laut und quirlig zu. Frauen mit
Unmengen von Taschen, die sie sich über den Körper geworfen

haben, versuchen, diese zu verkaufen. Essen gibt es an jeder Ecke, also gebratenes Fleisch sowie Obst und Gemüse. Aber auch viel Plastik ist zu sehen: Plastikschüsseln werden zum Verkauf angeboten, Limonade in kleinen Plastiktüten, die man an einer Ecke aufbeißen muss, um an die Flüssigkeit heranzukommen, Erdnüsse in kleinen Plastiktüten.

Berühmtheiten sind die sogenannten „Nana Benz", Frauen, die über das Handelsmonopol mit Stoffen verfügen. Nachdem das Land unabhängig wurde, waren sie es, die für den wirtschaftlichen Aufschwung sorgten. Kurioserweise kommen die sogenannten „Pagne"-Stoffe aus Holland oder – mittlerweile - auch aus China. Die Großhändlerinnen vertreiben diese Stoffe in Westafrika und in Teilen Zentralafrikas. Der Namensteil „Benz" basiert auf der Tatsache, dass sie einen Teil ihres Vermögens in einen Mercedes stecken.

Ein Straßenzug ist ganz dem Kunsthandwerk gewidmet. Es ist laut und eng. Die Gegenstände, die uns angeboten werden, sind sehr geschmackvoll. Tücher, Holzfiguren aus Ebenholz, Schmuck - es fällt mir nicht leicht, an diesen vielen schönen Dingen vorbeizugehen, ohne etwas zu erstehen. Mir fällt auf, dass nicht viele Touristen zu sehen sind, die Souvenirs erwerben. Das ist wohl auch der Grund, warum wir gleich von Verkäufern umzingelt werden. Auf unserem Schiff wird gerne damit geprahlt, wie weit der eine oder andere die Verkäufer herunterhandeln konnte. Dass ich für eine Fahrt im Taxi nicht mehr bezahle als ein Einheimischer, finde ich in Ordnung. Für ein Kunsthandwerk, für das der Künstler – egal, ob es aus einem anderen Land hergeschafft wurde oder nicht - mehrere Stunden oder gar Tage benötigt, lediglich umgerechnet 5 Dollar zu zahlen, empfinde ich eigentlich als dreist. Dem Argument vieler Kollegen, das sei für hiesige Verhältnisse viel Geld, stimme ich nicht zu. Auf dem Markt sind wir nur wenigen Touristen begegnet und bei dem Überangebot an Kunsthandwerk kann ich mir nicht vorstellen, dass ein Verkäufer mehr als eine Figur oder Kette oder ein Tuch pro Woche verkauft - wenn überhaupt. Feilschen gehört dazu. Aber gerade ich, die einen anständigen Mindestlohn in Deutschland befürwortet, welcher ein unabhängiges Leben ermöglicht, sollte dennoch angemessen bezahlen.

Ein paar hundert Meter vom Grand Marché gelangt man durch brütende Hitze und vorbei an einem großen Fischmarkt, zum „Village Artisanal", einem kleinen Künstlerviertel. Wir lechzen nach einem kühlen Getränk, als wir ankommen. Hier im „Village Artisanal" haben verschiedene Künstler, vom Maler über den Lampenhersteller bis zum Schuster, ihre eigenen Ateliers. Das hat den Vorteil, dass sich die Touristen in Ruhe das aussuchen können, was ihnen gefällt, ohne die fast schon verzweifelt wirkenden Händler auf dem Grand Marché im Nacken zu haben. Das entspannt. Außerdem kann, wer will, bei der Herstellung der Holzfiguren zuschauen. Ich unterhalte mich ein wenig mit einem Maler, der auch Unterricht in afrikanischer Kunst anbietet und finde einige Mitbringsel und ein Bild für mich.

Auf der Rückfahrt geraten wir in die verstopften Straßen des Marktes, bis unser Landrover am Ende kaum mehr vor noch zurück kann. Ich versuche, die Gelegenheit zu nutzen, Straßenszenen fotografisch festzuhalten, werde aber von Togolesen angeschrien, das gefälligst zu lassen. Fazit: Wer sich unbeliebt machen möchte, der fotografiere in diesem Land einfach drauflos. Auf jeden Fall kommt man dabei in ganz persönlichen Kontakt zu den Einheimischen. Wie z.B. Josie, die meinen Manager Jeff, meinen arbeitsscheuen, aber großspurigen Kollegen Paul und mich auf große Einkaufstour für den Ship Shop begleitete. Da wir dort auch lokales Kunsthandwerk verkaufen, wollten wir uns auf dem Grand Marché mit neuer Ware eindecken. Josie, die noch relativ neu auf unserem Schiff war, hielt auf dem Weg vom Markt zur Pizzeria, wo wir uns ein Mittagsessen gönnen wollten, die Linse ihrer Kamera ganz unbedarft in Richtung Straße. Der

Motorradfahrer, der aus purem Zufall ins Bild fuhr, drehte um und verfolgte uns, bis er quer zur Straße und quietschend vor unserem Landrover abbremste und uns so zum Stehen brachte. Aufgebracht forderte er Josie auf, die Bilder zu löschen. Unsere darauffolgende Flucht in die Pizzeria führte lediglich dazu, dass er uns bis ins Restaurant hinein verfolgte, um sich die aufgenommenen Bilder zeigen zu lassen. Josie musste alle löschen, auf denen auch nur ein Fetzen seiner Haarpracht zu sehen war, womit er sich dann schlussendlich zufrieden gab.

KINDERARBEIT

Kein kindgerechtes Leben

Beim nächsten Besuch auf dem Grand Marché habe ich die Gelegenheit, einen weiteren, allerdings weniger erfreulichen Aspekt des Marktes näher kennenzulernen. Diesmal werde ich mir kein Kunsthandwerk anschauen. Ich werde mich einem Thema widmen, das nicht nur Togo betrifft, sondern auch andere westafrikanische Länder: Kinderarbeit.

Jeff hat mir dafür frei gegeben. Da Sophia gerne mitkommen möchte, fahren wir beide mit einem Taxi zum Büro von Terre des Hommes. Terre des Hommes setzt sich unter anderem für Kinder ein, die wirtschaftlich ausgebeutet werden, und ist auch hier auf dem Markt tätig. Ich hatte bereits in Deutschland den Kontakt zu der Organisation hergestellt und wurde eingeladen, vor Ort mehr über ihre Arbeit zu erfahren.

Wir werden von Edem Koffi Avegnon, Jurist bei Terre des Hommes, empfangen. Nachdem wir uns gegenseitig vorstellen und Edem Koffi Avegnon uns in das Thema einführt, fahren wir mit einem Kleinbus zum Grand Marché und halten direkt vor dem Steingebäude inmitten des Straßenmarktes.

Sie führen in dunkle Hallen, die Treppen des großen Gebäudes. Atmosphärisch gibt der Betonklotz wahrlich nicht viel her. Edem Koffi Avegnon stapft gezielt in Richtung zweiter Stock. „Dort sind welche", sagt er und zeigt auf ein paar Kinder, die Waren auf ihren Köpfen balancieren. „Oder hier zum Beispiel." Er deutet auf ein Mädchen, das vor einer Schüssel mit Süßigkeiten sitzt. Eine Art Müsliriegel, den sie neben anderen Konfekten anbietet, nennt sich „Europe", auf der Verpackung ist eine Ananas abgebildet. Auf der obersten Stufe sitzend, am Eingang in die zweite Etage, wartet das Mädchen darauf, dass ihm jemand seine Ware abkauft. Innen sind die Verkaufsstände vollgestopft mit Taschen, Plastikwaren und Kosmetikartikeln. Es geht vorbei an betenden Moslems, einer Mutter mit ihrem Baby, die auf dem blanken Boden liegen, und Verkaufsständen, an denen Perücken oder Haushaltswaren feilgeboten werden.

Wer seine Aufmerksamkeit auf die Kinder lenkt, sieht sie überall auf dem Markt. „Es gibt drei Typen der Arbeit", erklärt Edem Koffi Avegnon. „Entweder die Kinder laufen herum und verkaufen so ihre Ware, oder sie verkaufen am Stand, oder aber sie tragen Ware für andere."

In einem provisorisch aufgestellten Häuschen sitzt Elisabeth Dossou, die Sozialarbeiterin von Terre des Hommes. Dies ist ihr Büro.

„Letztes Jahr haben wir mit 688 Kindern auf dem Grand Marché gearbeitet", erklärt sie und zeigt das Buch, in dem sorgfältig jeder Klient aufgelistet wird. „Wir arbeiten mit den Arbeitgebern zusammen und versuchen, sie zu überreden, die Kinder in unsere Alphabetisierungskurse zu lassen. Ich würde schätzen, dass etwa 60% sich darauf einlassen."

Falsche Versprechungen

Kinderarbeiter – das sind laut Kinderschutzkonvention der Vereinten Nationen Minderjährige, die wirtschaftlich ausgebeutet werden und deren Entwicklung dadurch behindert und geschädigt wird. In Togo wird der Anteil der 5 bis 14jährigen Kinder, die von Kinderarbeit betroffen sind, auf 32,7% geschätzt.[2] Das bedeutet gleichzeitig, dass sie häufig auch keine Schule besuchen.

Die Ursachen, die dazu führen, dass Minderjährige zur Arbeit verpflichtet werden, sind vielfältig. Hauptsächlich sind Armut und mangelnde Bildung zu nennen. Wichtig bei der Bekämpfung von Kinderarbeit ist daher auch Aufklärung. "Wir arbeiten mit den Familien zusammen und einmal in der Woche kläre ich über

---

[2] Vgl. EarthLink e.V., Aktiv gegen Kinderarbeit (o.J.), http://www.aktiv-gegen-kinderarbeit.de/welt/afrika/togo/, Stand 11.02.2014

das lokale Radio über Kinderarbeit auf. So erreichen wir alle, die auf dem Markt tätig sind." „Nana F.M." heißt der Sender, und er läuft nur auf dem Markt. „Nana, das steht für „die große Frau, die ein großes Geschäft hat".

Doch wie kommen die Arbeitgeber an die vielen Kinder, die für sie schuften müssen?

Es ist das Spiel mit der Armut und der Hoffnung. Und es sind Männer, oft entfernte Verwandte, die zu den Familien gehen, mit Geschenken und großen Versprechen im Gepäck: Eine Schulausbildung sollen die Kinder erhalten, oder ein berufliches Training. In der Hoffnung auf ein besseres Leben werden die Kinder in die Stadt geschickt und sich selbst überlassen. Um zu verhindern, dass die Eltern ihre Kinder besuchen, erhalten sie weitere Geschenke. Sind die Kinder zu schwach und weniger leistungsfähig, werden sie zurückgeschickt. „In der hiesigen Kultur sprechen erst die Erwachsenen, sodass die Kinder sich nicht wehren können. So werden sie von den Männern, die sie wieder zurückbringen, gegenüber ihren Eltern diffamiert und beschuldigt, sich unangemessen verhalten zu haben."

In Westafrika ist es zudem nicht unüblich, dass Eltern die Kinder ihrer Geschwister aufnehmen – und sie dann häufig wie Bedienstete behandeln. Das betrifft mehrheitlich Mädchen. Sie müssen auf dem Boden schlafen und bekommen zu essen, was von den Mahlzeiten übrig bleibt. Besuchern werden sie nicht vorgestellt. Im andern Fall werden wiederum oftmals die leiblichen Kinder gegenüber den aufgenommenen benachteiligt oder gar abgelehnt. Wer Glück hat, darf die Schule besuchen, wem dieses Glück nicht widerfährt, dem bleibt Schulbildung vorenthalten.

Die meisten Kinderarbeiter auf dem Markt sind Mädchen

Sophia sitzt still auf einem Stuhl und bekommt glasige Augen. Sie sieht aus, als falle sie gleich auf den Boden. „Ich bin so müde, ich glaube, ich muss heim", flüstert sie mir zu. Ich verstehe. Netterweise bringt sie ein Mitarbeiter von Terre des Hommes zurück. Ich dagegen begleite Edem Koffi Avegnon und Elisabeth Dossou weiter zu dem Häuschen ein paar Ecken weiter von ihrem Büro. Der Holzverschlag dient als kleines Unterrichtsgebäude. „Zurzeit nutzen über dreißig Mädchen und zwei Jungen die Gelegenheit, lesen und schreiben zu lernen." In einer halben Stunde geht der zweistündige Unterricht los, bis dahin nutzt Elisabeth die Gelegenheit, mit den Neuzugängen in Kontakt zu treten.

Da ist zum Beispiel Victory Bewa, die erst vor zwei Tagen angefangen hat, auf dem Markt kleine, mit Wasser gefüllte Trinkbeutel zu verkaufen. Sie wartet auf den Unterrichtsbeginn. Der Korb, den sie trägt, ist voll mit etwa 20 dieser Tüten. Damit kann sie 400 CFAs verdienen, das sind umgerechnet gut 60 Cent. Das Taxi, das sie jeden Morgen nehmen muss, um zum Markt zu kommen, kostet 30 CFAs. „Meine Eltern verdienen nicht genug. Deswegen arbeite ich hier, um meine Familie zu unterstützen." Ihre eigene Entscheidung sei das gewesen, erzählt sie und fügt hinzu, dass sie die Grundschule besucht habe, die Eltern aber die weiterführende Schule nicht bezahlen konnten. Die ist nämlich in Togo – im Gegensatz zur Grundschule - nicht kostenlos.

Lea Kassaloumovi ist 17 Jahre alt und wurde vor 10 Jahren von ihrer Tante aus dem Benin nach Togo geholt. Seitdem arbeitet sie hier jeden Tag.

Mehrere Kinder sitzen oder stehen herum; sie haben ihre Schüsseln mit Tomaten und Fisch auf dem Boden abgestellt, denn sie sind hier, um sich zu erholen. Sie schauen neugierig zu mir, und ich neugierig zu ihnen. Die meisten von ihnen sind minderjährige Mädchen. „Wenn die Eltern nicht genug Geld haben, alle ihre Kinder in die Schule zu schicken, dann bleiben meistens die Mädchen zu Hause oder gehen arbeiten", erklärt Elisabeth.

Und so nehmen am Unterricht, der an vier Tagen die Woche zwischen 12 und 14 Uhr stattfindet, auch nur zwei Jungen teil, alle anderen sind Mädchen. Ich darf der Schulstunde beiwohnen und sitze auf der vorletzten Bank. So kann ich von hinten alles beobachten. „In der linken Reihe sitzen die Anfänger, rechts die Fortgeschrittenen", wird mir erklärt. Heute wird das metrische System durchgenommen. Zur Veranschaulichung dient ein Metermaß und eine Schülerin zeichnet Spalten an die Tafel: Meter, Dezimeter, Zentimeter, Millimeter. Der Lehrer, offensichtlich mit großer Freude am Unterrichten, gestaltet seinen Unterricht mitreißend. Von Langeweile keine Spur. Die Kinder saugen den Stoff förmlich auf. Wer die Antwort weiß, reckt die Hand zur Decke und springt auf. Sie überschlagen sich beinahe vor Enthusiasmus. Der Lernbedarf und der Wunsch nach geistigem Input scheinen groß.

Zwischendurch soll ich nach vorne kommen und werde vorgestellt. Die Mädchen scheinen sich über unseren Besuch zu freuen. Ein Mädchen schaut mich an und sagt „Welcome". Auch Edem Koffi Avegnon tritt nach vorne, denn ihn haben die meisten Kinder noch nicht gesehen. So viel Freundlichkeit - ich hoffe im Stillen, dass alle Kinder und Jugendlichen, die hier sitzen, ein zufriedenes Leben leben werden.

Bildung spielt in der Entwicklungspolitik eine zentrale Rolle. Sie ist Voraussetzung für höher bezahlte Jobs im Erwachsenenleben, durch Bildung werden soziale Kompetenz und Persönlichkeitsentwicklung gefördert sowie die Fähigkeit, sich für seine Rechte einzusetzen.

Deswegen bietet die Organisation noch weitere Programme an, die es den Kindern ermöglichen, einen regulären Schulabschluss nachzuholen oder an einem Handarbeits- und Tanzunterricht teilzunehmen. Den Älteren wird ein Ausbildungsplatz vermittelt.

Viele Kinder erfahren Gewalt

Wir verlassen die Hallen. Draußen, auf dem freien Markt mitten im Trubel, sitzt die 16jährige Favour Alognon, hinter ihr ihre Großmutter, für die sie Saft in Plastiktüten verkauft. Eine einfache und günstige Möglichkeit, seinen Durst zu löschen. Edem Koffi Avegnon gibt mir ein solches Getränk aus. Favour sitzt hier jeden Tag. Doch sie hat Grund zur Freude, denn ihr eröffnet sich eine Perspektive: Bald beginnt sie einen Friseurkurs, der zwei Jahre andauern wird.

Einige der Kinder, die von Terre des Hommes betreut werden, können nicht mehr nach Hause geschickt werden. „Viele von ihnen wurden in ihrer Herkunftsfamilie misshandelt", erklärt Edem Koffi Avegnon. "Dann müssen wir ihnen eine Ersatzfamilie suchen." Auch komme es vor, dass zeitgleich zur Geburt ein Unglück geschehe, wie etwa der Tod eines Verwandten. Der Zusammenfall dieser zwei Ereignisse könne dazu führen, dass die Kinder als Hexen gebrandmarkt und in ihren Familien nicht mehr willkommen sind. Gegen einen „Schadensersatz" von umgerechnet 3 Dollar pro Tag, wie Edem Koffi Avegnon es formuliert, werden diese Kinder dann in Gastfamilien vermittelt.

Doch viele von ihnen leben auf der Straße. Es ist 16 Uhr, der Markt schließt, die Verkäufer verlassen ihre Plätze. Viele gehen nach Hause, doch die Straßenkinder müssen sehen, wo sie bleiben. Einige von ihnen verlassen den Markt Richtung Stadt, um sich zu prostituieren und weiteres Geld zu verdienen. Für andere ist der nahe gelegene Strand das Zuhause. Sand und Palmen locken vermeintlich zum Erholen, doch er gilt als gefährlich; Überfälle sind hier an der Tagesordnung. Das soll auch ich zu einem späteren Zeitpunkt meines Togoaufenthaltes am eigenen Leib erfahren. Neulinge, die hier am Strand in einer Gruppe von Kindern und Jugendlichen aufgenommen werden wollen, haben sich einem brutalen Ritual zu unterwerfen: Der Taufe, genannt

Gboma. Bei diesem Ritus werden sie gezwungen, Geschlechtsverkehr mit jedem einzelnen Gruppenmitglied haben.

Und so vergehen für viele Kinder die Tage und Jahre mit dem
Kampf ums Überleben, ohne jemals aus dem eigenen Poten-
tial geschöpft haben zu können. Die Gründe für Kinderarbeit,
die aus Armut heraus entsteht, stehen im internationalen Kon-
text. Der Preisverfall von Rohstoffen, soziale Kürzungen und
die Ausbeutung durch Billiglohnarbeit führen dazu, dass Eltern
entweder gar keine Arbeit haben oder so wenig verdienen, dass
Kinder zum Haushaltseinkommen beitragen müssen. Bei einem
angemessenen Lohn aber könnten Victory Bewa und die anderen Kinder ganz normal zur Schule gehen und ein kindgerechtes
Leben führen.

Mein Besuch auf dem Markt endet hier. Ich werde nach Hause
gebracht, zum Hafen. Edem Koffi Avegnon und Elisabeth Dossou
würden gerne mit auf das Schiff, aber das geht nicht so einfach
und ist spontan nicht möglich. Ich verabschiede mich von ihnen
und laufe die Gangway hinauf ins Schiff. Nach der Ausweiskon-
trolle durch die Gurkhas erreiche ich das klimatisierte Schiff.

Da bin ich wieder, in einer vollkommen anderen Welt.

NOCH EIN AUSFLUG

Dorfdisco

Ein weiteres Wochenende naht. Ich hatte Jeff gefragt, ob ich am letzten Tag meiner Arbeitswoche, also am Freitag, früher gehen dürfe. Ich darf. Wir wollen nach Kpalimé, das ist angeblich *das* Ausflugsziel außerhalb Lomés. Zu fünft machen wir uns am Morgen auf den Weg: Ulrike, Jenneke, Lijsje und Sophia, die vier Holländerinnen, Elise, eine Amerikanerin, und ich. Letztere ist die Älteste, und zwar mit Abstand. Mit dem Taxi geht es zum Busbahnhof. Die Buspreise sind fest, anders als bei den Taxis und den Zemidjans, bei denen die Fahrtkosten immer neu verhandelt werden müssen.

Männer binden das Gepäck der Gäste auf das Dach. Der Minibus am Busbahnhof startet erst, als er voll ist. Mein Platz ist nicht wirklich komfortabel. Ich sitze wie auf einem Zahnarztstuhl, weil der Sitz zu weit nach hinten kippt. Das sieht bestimmt albern aus, deswegen schlage ich vor, einen Extraplatz zu bezahlen und den Zahnarztstuhl für unser Gepäck zu benutzen. Ich rücke eine Reihe weiter vor. Bis auf den Fahrer und den Schaffner sind nur Frauen im Bus. Erneut stellen wir fest, dass wir als Mitarbeiter des Hospitalschiffes willkommen sind. Jede kennt den Namen „Mercy Ships". Neben mir sitzt ein kleines Mädchen mit vielen kleinen Zöpfen, deren Kopf während der Fahrt vor Müdigkeit ständig auf mein Bein fällt, bis sie wieder aufwacht, um sich dann im Zeitlupentempo wieder seitlich an mein Knie, das ich am Vordersitz abstütze, zu lehnen. Eine kleine Autopanne am Stadtrand, dann geht die Reise weiter. Die Landschaft ist wieder einmal schön - alles grün und saftig. Schnell sind wir am Ziel, doch hier wollen wir gar nicht bleiben. Wir nehmen ein Zemidjan nach Kouma-Konda auf dem Mont Klouto. Die Fahrt hinauf in die Berge ist ein einziges Vergnügen. Vorbei an Abhängen, durch tunnelartige Alleen, erreichen wir nach zwanzig Minuten Kouma-Konda. Dort stehen schon zwei Guides und hoffen auf Kundschaft. Wir folgen ihnen.

Auf dem Weg nach oben zeigt uns einer der beiden, Julien, eine Kakaofrucht. Die Samen, die umhüllt sind von weißem Fruchtfleisch, sind die Kakaobohnen. Es wird dunkel. Vier Unterkünfte stehen zur Verfügung, wir entscheiden uns für die einfachste und günstigste. Die örtlichen Guides haben eine Genossenschaft gegründet und gemeinsam diese Herberge errichtet. Sophia, unsere standhafteste Verhandlerin, erzielt für Führung und Frühstück einen guten Preis. Zu Abend essen kann man dort nicht, sondern in einem kleinen Restaurant, das ebenfalls der Genossenschaft gehört. Dort gibt es heute leckeres Hühnchenfleisch mit Couscous.

Auf dem Rückweg führen uns die Einwohner zu einem Kiosk, vor dem ein Tisch mit Stühlen steht. Er befindet sich mitten auf dem Dorfplatz und scheint auch das Dorfcafé zu sein. Wir setzen und unterhalten uns mit den Einheimischen, denn alle sind sehr freundlich zu uns. Es ist dunkel, ein paar Einwohner fangen an zu tanzen. Langsam entwickelt sich das Café zu einer Art Open-Air-Disco, irgendwann machen wir mit, vor allem Jenneke ist als Erste dabei. Wir schauen uns die Schritte von dem ausdauerndsten und begabtesten Tänzer ab, der völlig verschwitzt in der vorderen Reihe tanzt und gar nicht mehr aufhören mag. Am Ende tanzen wir alle zusammen eine Mischung aus Hip-Hop, Michael Jackson und Sport, was ausgesprochen anstrengend ist, aber sehr viel Spaß macht.

An diesem Abend beobachte ich eine etwas untypische Szene: In Afrika führen Hunde häufig kein glückliches Leben. Daher berührt mich an diesem Abend der Umgang eines alten Mannes mit seinen beiden Vierbeinern umso mehr. Er geht so liebevoll mit ihnen um, dass ich weiß, so lange er lebt, und möglicherweise nur so lange, wird es ihnen gut gehen. Denn ich beobachte auch,

dass sie von anderen Dorfbewohnern rüde mit dem Fuß wegge-
stoßen werden, wenn sie sich von ihnen gestört fühlen.

Zurück in der Unterkunft gibt es kein fließendes Wasser und
während die anderen in wolkenweiche Matratzen fallen, wie sie
uns am nächsten Tag vorschwärmen, schlafen Lijsje und ich, die
wir uns ein Zimmer teilen, auf knallharten Brettern, auf denen
nur eine dünne Matratze liegt.

In Afrika ist alles groß

Doch trotz der Pritsche schlafe ich gut. Am nächsten Vormittag führen Julien und Ghislain uns nach dem Frühstück auf eine
Wanderung, auf der sie uns eine Vielzahl an Pflanzen vorstellen.
Ich finde es eindrucksvoll, einen der Ursprungsorte zu sehen,
an denen all das wächst, was wir in Europa essen oder materiell
verwerten. Da ragen Avocado-, Kautschuk- und Gummibäume
in den Himmel, wachsen jede Menge Kakao-, Kaffee- und Indi-
gopflanzen sowie Bananenstauden, Kokosnusspalmen und
Cocasträucher mit ihren roten Früchten. Alles hier in Afrika ist
so groß, kommt es mir in den Sinn. Die Pflanzen, die Blätter, die
Termitenhügel. Besonders beeindruckend finden wir zwei Insekten, die unsere Guides aufgespürt haben:

Das erste ist eine Stabschrecke, Phasmida oder auch Gespenst-
schrecke genannt. Mit Sicherheit würde ein unbedarfter Tourist
ohne Blick fürs Detail dieses für uns exotische Tier übersehen,
denn sie sehen aus wie Stöckchen. Die Stabschrecken sind optisch
so ans Gehölz angepasst, dass sie kaum erkennbar sind. Allerdings mit Flügeln, wenn sie sie denn ausbreiten. Ein 30cm-Lineal
würde nicht ausreichen, um dieses Exemplar zu messen.

Ein weiteres interessantes Insekt, das unseren Guides in die
Hände fällt, ist die sogenannte Petrognatha-Gigas, ein Bockkäfer. Sie finden ihn in einem Dorf, das wir erreichen, unter
einem Baum, der mit seinen vielen Verästelungen eine solch selt-

sam-schöne Atmosphäre ausstrahlt, dass ich mich in seiner Nähe ein wenig in eine andere Welt versetzt fühle.

Der Körper der Petrognatha-Gigas ist so lang und fast doppelt so dick wie mein Mittelfinger, die Fühler pro Seite so lang wie Juliens Hand. Während die Petrognatha-Gigas geduldig auf seiner Rechten hockt, stellt sie durchaus beeindruckend nicht nur ihr Beißwerkzeug zur Schau, sondern setzt dieses auch ein, als sie nach einer Weile offensichtlich keine Lust mehr hat, nur auf Juliens Hand herumzusitzen. Es muss ziemlich wehtun, denn Julien schleudert das Tier vor Schreck von sich. Seine Hand blutet zwischen Daumen und Zeigefinger. Ein Glück, dass Krankenschwester Lijsje zur Rettung eilt.

Unterwegs wechseln Julien und ich ein paar Sätze in meiner Muttersprache - er studiert nämlich Deutsch. Er wird mir im Laufe meines Aufenthaltes als einziger Guide in Erinnerung bleiben, dem ich mit meiner Fragerei nicht auf die Nerven gegangen bin.

Wir passieren ein Feld, auf dem eine Frau mit ihrem Baby auf dem Rücken arbeitet. Das Feld wurde abgebrannt. Hier soll eine Farm entstehen. Aus einem Brunnen zwischen Bäumen schöpfen Frauen Wasser. Wir laufen an einem Teich vorbei, in dem Frauen und Mädchen Kleidung waschen. Sogar fotografieren dürfen wir, keine ist verärgert darüber. Unser Ziel ist ein kleiner Wasserfall, an dem wir ein Picknick einlegen und uns ausruhen. Ein paar Schmetterlinge flattern herum und wer will, kann an einem extra dafür angebrachten, herunterbaumelnden Seil Tarzan spielen und sich ins Wasser fallen lassen. Ich bemühe mich derweil um eine gelungene Nahaufnahme einer Libelle, in dem ich bäuchlings an sie heranrobbe, bin aber mit den Ergebnissen nicht wirklich zufrieden.

Auf dem Rückweg besuchen wir das „Cempement de Klouto", ein ehemaliges deutsches Hospital. Heute dient es als Unterkunft für Touristen. Zurück im Dorf setzen wir uns noch einmal an den

Tisch vor dem Café. Dort spiele ich mit einem Dorfbewohner das Brettspiel Awalé. Ich bekomme laufend Tipps von Ghislain, der sich ständig in mein Spiel einmischt, weil er anscheinend meine dilettantische Spielweise nicht aushält. Aus diesem Grund gewinne ich auch, er gilt nämlich als der beste Spieler im Dorf.

Wir packen unsere Sachen und machen uns auf nach Kpalimé. Der Weg nach unten durch die Alleen des Missahohé-Waldes ist genauso schön wie auf der Hinfahrt – soweit ich das beurteilen kann, denn auf dem Moped bläst mir der Fahrtwind so sehr ins Gesicht, dass ich nur mit Mühe die Augen aufhalten kann.

Auf der Suche nach einer preisgünstigen Unterkunft in Kpalimé finden wir das „Aaron City Motel". Die Zimmer sind etwas muffelig, die Tapeten leicht vergilbt. Lijsje und ich haben noch das luxuriöseste erwischt, das offenbar für ganz besondere Gäste bestimmt ist. Für eine Nacht haben wir ein extra großes Bad für uns, die Bettbezüge sind aus Seide und auf Lijsjes Nachttischchen finden wir Kondome.

Der Besitzer des Motels schickt uns seinen Mitarbeiter als Begleiter. Ob es sich dabei um seinen Sohn oder einen anderen Verwandten handelt, wissen wir nicht. Jedenfalls bleibt er uns den ganzen Abend ungefragt auf den Fersen. Wir essen im „Chez Fanny". Auf dem Heimweg verschlägt es uns in eine kleine französische Bar. Dort bleiben wir, bis wir hinausgekehrt werden, und haben immer noch keine Lust auf Feierabend. Doch selbst das Hotel „Le Geysir" ist geschlossen, und so geben wir auf. Noch ein paar Minuten auf der Terrasse des Motels, dann geht es ins Bett und am nächsten Tag zurück nach Lomé.

ZURÜCK AUF DEM SCHIFF

Gebrochene Regeln

Ich bin zurück auf dem Schiff.

Sophia hat sich in der Zwischenzeit eine Tumbufliege, auch Mangofliege genannt, zugelegt. Vielleicht während eines Besuchs am Togosee. Die Fliegenmütter legen ihre Eier im Sand ab und die Larven gelangen über die Kleidung in die menschliche Haut. Sophias Larve hat sich in ihren Nacken gegraben. Was mit einem kleinen roten Punkt an ihrem Nacken begann, hat sich vergrößert und tut nun auch weh, wenn sie die Stelle berührt. Zum Glück aber gibt es hier auf dem Schiff einen Arzt, der für die Mitarbeiter zuständig ist und Sophia nun von ihrem Mitbewohner befreit.

Was die tägliche Arbeit betrifft, habe ich mittlerweile Routine. Ich verteile Kaffee, Waffeln, Crepes, verkaufe Shampoo und Coladosen und schleppe wie verrückt Inventar von den Containern ins Lager und von den unklimatisierten, lauten und heißen Lagerräumen hoch auf Deck 5. Rauf und runter, rauf und runter. Das ist besonders spannend, wenn der Aufzug ausfällt, gar für mehrere Tage. Und auch, weil insbesondere mein kanadischer Kollege Paul, aber auch meine Kollegin Brontë, die der felsenfesten Überzeugung ist, dass man anhand ihres Namens ihre Deutschstämmigkeit ableiten könne, sowie meine Kollegin Michelle stets eine Ausrede finden, sich doch mit etwas anderem zu beschäftigen als mit Schleppen. Brontë steckt gerade tief in einer postpubertären Phase, und so ist die Arbeit mit ihr eher weniger angenehm. Michelle strotzt nur so vor Selbstbewusstsein und ich frage mich, woher sie es nimmt. Ihre Körperfülle lasse es nicht zu, hart zu arbeiten, das müsse ich doch verstehen, deutet sie irgendwann völlig verschwitzt nach einem einzigen Gang ins Lager an. Paul wiederum liebt es, mit seinem lauten Organ Krankenschwestern anzubaggern, obwohl diese ihm reihenweise mehr oder weniger höflich, aber bestimmt einen Korb geben, und das bis zum bitteren Ende seines Aufenthaltes. Das ist natürlich sehr zeitaufwendig, sodass für anderes keine Zeit mehr bleibt, das ist mir klar. Außerdem macht er beim Tragen von Kisten in kürzester Zeit schlapp, woran auch immer das liegen mag, vielleicht an seinem übermäßigen Softdrink-Konsum. Seltsamerweise schleppe ich sogar gerne, doch irgendwann reicht es mir. Es kommt, wie es kommen muss: Zum Eklat. Ich protestiere. Man muss doch schauen, wo man bleibt! Danach geht mir wenigstens hin und wieder einer von ihnen zur Hand.

Mittlerweile fühle ich mich auch nicht mehr wie auf einem anderen Planeten, sondern eher wie in einem Internat. Das hat einen gewissen Reiz. Da gibt es Regeln nicht nur, was die Ausgehzeit betrifft, nein, Beziehungen unter dem Personal müssen den Pfarrern gemeldet werden, Rauchen ist verboten, Alkohol auch. Die letzten beiden Punkte kann ich verstehen, denn es ist ja schließlich kein Partyboot, das Schiff, sondern mehr oder weniger Arbeitsstätte. Aber wozu gibt es Regeln, wenn sie nicht gebrochen werden? Eines Abends, als ich nach einem Essen in der Stadt nach Hause komme, sitzen meine Zimmergenossinnen in der hintersten Kabine mit einer geköpften Flasche Wein. Nein, es sind zwei. Das freut mich sehr und ich setze mich zu ihnen auf den Boden. So haben wir einen fröhlichen Abend: zwei Holländerinnen, eine Neuseeländerin, eine Amerikanerin und ich. Zum Glück werden wir von den Kollegen im Nachbarzimmer, die sich zwischendurch zu Wort melden und uns um Ruhe bitten, weil die Kabinen sehr hellhörig sind, nicht verraten. Einer Geschichte zufolge kam nämlich einst ein Mitarbeiter nachts stockbetrunken nach Hause und wurde gefeuert.

Man muss tatsächlich aufpassen, denn hin und wieder werden die Kabinen kontrolliert, und zwar vom Kapitän höchstpersönlich. An unserer Kabinentür hing bereits ein Schild mit der Aufforderung, etwas ordentlicher aufzuräumen. Da sollten leerstehende Bier- und Weinflaschen von Abenden wie diesem besser nicht entdeckt werden...

Ein Besuch auf der Krankenstation

In einem der sechs Operationssäle beugt sich Dr. Gary Parker über seine Patientin. Er operiert eine Gaumenspalte. „Es ist gut, dass wir die Operation jetzt durchführen, denn bald kommt Amivi in die Schule", erklärt er. „Mit der Gaumenspalte wäre sie nicht in der Lage, Konsonanten auszusprechen. Mit so einer Schwäche können viele Lehrer nicht umgehen, sodass die Gefahr groß ist, dass sie von ihnen geschlagen und von anderen Schülern abgelehnt wird."

Heute sind wir etwas vernünftiger und an dem Ort auf dem Schiff, um den sich alles dreht. Jenneke und ich stehen mit einer Schutzbrille vor dem Operationstisch. „Falls Blut spritzt", wie sie mich vorab aufklärt. Ob eine verbrannte Hand, ein Tumor oder Grauer Star, Mercy Ships hat sich auf operative Eingriffe spezialisiert. Wer nicht auf den Stationen arbeitet, sondern wie ich im Café, im Ship Shop oder Kiosk, in der Putzkolonne, der Kantine oder wo auch immer, kann sich in Listen eintragen, um bei Operationen zuzuschauen. Wo auf der Welt, frage ich mich, ist das für Nichtmediziner möglich? Es ist Donnerstag, und Jenneke und ich haben heute unseren Krankenhaus-Besuchs-Termin. Zu Beginn werden wir gefragt, ob wir bei Augenoperationen zuschauen wollen. „Nicht nötig, habe ich schon einmal gesehen", winkt Jenneke ab. Ich hatte ebenfalls schon einmal die Gelegenheit, bei einer solchen Operation anwesend zu sein, und zwar in einem Krankenhaus auf Borneo. So viel demonstrative Abgeklärtheit überrascht die OP-Schwester; und sie führt uns einen Raum weiter. Deswegen stehen wir jetzt bei Dr. Parker und lauschen seinen Erläuterungen. Seit mehr als 25 Jahren arbeitet er für die Organisation, und er erklärt alles mit einer Geduld, als wäre es das erste Mal. Wir dürfen uns auf einen Hocker stellen und der Patientin in den Rachen schauen. „Und dann klappe ich den Lappen dorthin", erläutert er uns sein Vorgehen und hantiert mit seinem Operationsbesteck am Gaumen der Patientin herum.

Auch bei der Operation einer Hernie sind wir anwesend. Das sind Brüche in der Bauchwand, durch die Eingeweide hervortreten, hervorgerufen durch das Heben schwerer Lasten. Neben den Lippen-Kiefer-Gaumen-Spalten und Eingeweidebrüchen sind weitere typische Erkrankungen, die hier behandelt werden, Struma, hierzulande Kropf genannt, also die Vergrößerung der Schilddrüse, Tumore oder in der plastischen Chirurgie Verbrennungen sowie Noma. Noma ist eine Krankheit, die bezeichnenderweise in Entwicklungsländern auftritt. Sie entsteht durch Unter- oder Mangelernährung, die wiederum das Immunsystem schwächt, sowie durch mangelnde Mundhygiene.[3] In der Regel beginnt die Erkrankung im Kindesalter, oft, wenn die Kinder von der Muttermilch entwöhnt werden. Während des Anfangsstadiums, wenn sich das Zahnfleisch entzündet und Bläschen entstehen, kann die Krankheit durch eine ausreichende Ernährung und Mundhygiene noch geheilt werden. Auch zu einem späteren Zeitpunkt ist es noch möglich, mittels Antibiotika entgegenzuwirken. Doch irgendwann ist es zu spät, dann zerstören die eindringenden Bakterien das Gewebe, das Gesicht des Kindes wird geradezu zerfressen und dadurch stark deformiert. Die Kinder sind irgendwann nicht mehr in der Lage zu essen und werden von der Familie häufig allein aufgrund ihres Aussehens abgelehnt. Meistens führt Noma zum Tode. Wenn nicht, werden sie von der Gemeinschaft ausgestoßen.

Jenneke und ich verbringen eine Weile auf Deck 3 und lassen uns die Operationen erklären. Es macht mir nichts aus zuzuschauen. Mir wird bewusst, dass das Schiff tatsächlich eine große Chance für Menschen ist, die an all diesen schweren Krankheiten leiden. Was uns selbstverständlich erscheint, ist für die hiesige

---

[3] Vgl. Ziegler, Jean (2011): Wir lassen sie verhungern, München, C. Bertelsmann Verlag, S. 84ff

Bevölkerung ein Geschenk. Ich versuche, etwas dankbarer zu sein.

Was solche Krankheiten in Ländern wie Togo besonders macht, ist, dass sie zu so überdimensionalen Größen ausarten, wie wir sie in westlichen Industrieländern gar nicht kennen. Die Menschen hier leiden an solch riesigen Tumoren, wie ich sie in Deutschland noch nie gesehen habe. Dass es in afrikanischen Ländern wie Togo Leidensgeschichten gibt, die in westlichen Industrieländern nicht existieren, hat verschiedene Gründe. Zum einen ist für die meisten Menschen in Afrika medizinische Behandlung schlichtweg unbezahlbar. Und wer tatsächlich das Geld für eine Operation zusammensparen kann, wird nicht unbedingt geheilt, weil sich die Ärzte vor Ort solche Eingriffe oft nicht zutrauen. Vielen Ärzten fehlt die Qualifikation, bestimmte Operationen durchzuführen. Beides traf auf Regina zu, eine Patientin, der ich zu einem späteren Zeitpunkt begegnen werde.

Eine andere Erklärung, warum Togolesen oftmals medizinisch unterversorgt bleiben, ist der Glaube an Hexen, Magier und Zauberer. Voodoo ist eine Religion, die im täglichen Leben der Westafrikaner eine große Rolle spielt. Obgleich sich 35% der Togolesen als Christen und 20% als Muslime bezeichnen, sind Zauber und Magie fester Bestandteil des Alltags.[4] So kann es passieren, dass ein Erkrankter als verhext gebrandmarkt und aus der Gemeinschaft verstoßen statt dass er medizinisch versorgt wird.

Auf den Stationen geht es turbulent zu. Kinder hüpfen durch die Zimmer, die Krankenschwestern spielen mit Patienten und den „Dayworkern", einheimischen Ortskräften aus der Stadt, Gesellschaftsspiele. Die Eltern der Kinder, die auf Mercy Ships behandelt werden, schlafen unter den Patientenbetten. „Hier geht es zu!", erzählt mir Kathrin aus Deutschland entzückt. Sie arbeitet zwei Monate hier auf dem Schiff. „Und dann diskutieren die Patienten mit den Dayworkern die ganze Zeit über irgendetwas und ich verstehe nichts." Ihr gefällt's.

Ohne die Dolmetscher wäre die Arbeit auf dem Schiff nicht

---

[4] Vgl. Auswärtiges Amt (2013), http://www.auswaertiges-amt.de/DE/
Aussenpolitik/Laender/Laenderinfos/01-Laender/Togo.html, Stand 11.02.2014

möglich, denn viele Patienten sprechen Sprachen, die eine Kommunikation mit dem medizinischen Personal unmöglich machen. Selbst Französisch ist hier problematisch, weil die meisten Mitarbeiter auf dem Schiff lediglich Englisch beherrschen.

Leider dürfen Dayworker in den Pausen nicht ins Café. Darin sehe ich zwar keinen Sinn, aber es gibt Mitarbeiter, die es für angemessen halten: „Das ist ein Ort für uns. Ich finde das richtig so", kommentiert eine Mitarbeiterin meine Frage, warum das so sei. Dabei machen Dayworker das Leben auf dem Schiff interessant, denn über sie erfährt man so einiges über Afrika. Gray zum Beispiel, der zu uns stößt, als wir in der „Lounge" auf dem Sofa sitzen, klärt uns über die Herkunft seines Namens auf:

Er stammt aus Westghana. Sein Vorname ist seiner Meinung nach für uns so unaussprechlich, dass wir ihn mit seinem Nachnamen anreden sollen, nämlich eben Gray. Seine Vorfahren haben mit Kokosnüssen gehandelt. „Kraye" sei der Begriff für Kokosnussschale und Teil seines Nachnamens, erklärt er uns. Während der britischen Kolonisation wurde daraus „Gray", weil die Engländer das Wort besser aussprechen konnten. Ich frage ihn, ob er seinen Namen nicht wieder ändern möchte, doch das sieht er anders. Seinen vollen Nachnamen nenne er gerade seinen Landsleuten gegenüber nur ungern, erzählt er weiter, weil diese daraus seine komplette Biographie ableiten könnten, also seine Abstammung und den Ort, wo seine Familie herkommt.

Von ihm erfahren wir auch, dass jedes Neugeborene zusätzlich zum „normalen" Namen nach dem Tag benannt wird, an dem es zur Welt kommt. Daher weiß ich nun, dass Kofi Annan an einem Freitag das Licht der Welt erblickt haben muss, denn alle Jungen, die an diesem letzten Werktag der Woche geboren werden, erhalten den Beinamen „Kofi". Bei allen Mädchen, die an einem Dienstag geboren werden, findet sich irgendwo im Vornamen „Abla". So wird mich dann auch Mawuli nennen, der uns am Ende meines Westafrika-Aufenthaltes als Fahrer begleiten wird.

Ein wenig Abwechslung

Ich freue mich über die Abwechslung, als Jeff mich am nächsten Tag fragt, ob wir gemeinsam auf den Markt gehen wollen, um Kunstgegenstände zu kaufen. Die sollen dann, ohne Gewinn, im Ship Shop an Mitarbeiter verkauft werden. Das ist vor allen Dingen für diejenigen gedacht, die nur für kurze Zeit auf der „Africa Mercy" sind und kaum Möglichkeiten haben, das Schiff zu verlassen. Kaum in den Regalen aufgestellt, stürzt sich normalerweise jeder darauf, und ziemlich schnell ist das meiste ausverkauft. Es ist ja auch bequem, Mitbringsel zu erstehen, ohne vom Schiff herunter zu müssen. Man kann sich das Verhandeln ersparen. Das steht aber nun Jeff bevor. Meine Aufgabe ist es, ihm hinterherzurennen, die gekauften Artikel zu benennen, aufzulisten und die Preise aufzuschreiben.

Auf dem Markt werden wir wieder umringt. Jeff ist bei den Verkäufern schon bekannt. Es ist heiß. Paul versucht mitzuspielen und bemüht sich erfolglos, gute Preise auszuhandeln. Die drei Figuren, die er ersteht, erweisen sich in den kommenden Wochen als Ladenhüter. Josi schleppt die Einkäufe. Ich komme kaum mit, obwohl ich versuche, mich zu konzentrieren, alles geht so schnell. Ketten, Figuren, Anhänger, Bilder, Erdnüsse in Flaschen, Flaschenöffner mit Tierdesign. Um die Tücher kümmern sich Josie und ich. Ein gutes Geschäft für die Marktleute. Auf dem Rückweg, nach der bereits erwähnten Verfolgungsjagd mit dem Motorradfahrer, der Josie zwingt, die Bilder zu löschen, gönnen wir uns eine Pizza und ich überprüfe noch mal meine Liste. Ich war mir so sicher, alles richtig mitgeschrieben zu haben, doch ich stelle fest, dass ich erstens meine eigene Schrift kaum noch entziffern kann, zweitens die Liste lückenhaft ist. Da habe ich in dem Tohuwabohu den ein oder anderen Kauf wohl nicht mitbekommen. Beim nächsten Mal soll Brontë Jeff auf den Markt begleiten. Ich werde das dann darauf schieben, dass halt jeder mal mit darf...

GHANA

Lapaz Toyota

Lomé liegt nicht allzu weit von Ghana entfernt, und so beschließen wir, einen Wochenendausflug dorthin zu unternehmen. Unser Ziel: Die Sklavenfestung Elmina und Cape Coast, wo uns ein „Canopy Walk" bevorsteht. Letzteres bedeutet, dass man über Brücken von Baumwipfel zu Baumwipfel spaziert. Franck vom Schiff fährt uns an die Grenze. Wir sind zu viert: Jenneke, Sophia, Ernest und ich. Ernest ist Ghanaer, was sich unterwegs als hilfreich erweisen wird. Die Taxifahrt nach Accra gestaltet sich angenehm. Unterwegs besorgen wir uns ein paar Kekse. Die Küste ist grün, die Straße nach Accra, der Hauptstadt von Ghana, in einem guten Zustand. Da wir in die Rushhour kommen, dauert die Fahrt etwas länger als üblich.

Ghana ist ein Land, für das ein Wochenendbesuch natürlich bei Weitem nicht ausreicht. Dennoch freue ich mich, es zumindest ein bisschen kennenlernen zu können. Ich spule in Gedanken kurz ab, was ich von dem Land weiß: Hier lebte das Volk der Ashanti, das sein Königreich lange gegen die Briten zu verteidigen wusste. Ghana ist englischsprachig. Zunächst von verschiedenen europäischen Mächten besetzt, wurde das Gebiet im Jahre 1874 dann unter dem Namen „Gold Coast Colony" britische Kronkolonie, wobei der Name „Goldküste" schon vorher existierte. Heute ist Gold – neben Kakao und auch Edelholz – noch immer das wichtigste Exportgut. Der 6. März ist heute ein Feiertag, da das Land an diesem Datum des Jahres 1957 unabhängig wurde und den Namen „Ghana" erhielt. Es liegt auf Platz 135 des HDI, des Wohlstandsindikators der Vereinten Nationen, und gehört somit zu den Ländern mit unterem mittleren Einkommen.

Ghana steht bis heute wegen Menschenrechtsverletzungen in der Kritik. Dazu gehören unter anderem die tagtägliche Gewalt gegen Frauen und Mädchen, die Verfolgung Homosexueller und die sogenannte Heimsklaverei sowie Zwangsräumungen. Heimsklaverei bedeutet, dass Kinder - meist Mädchen - entweder auf ausbeuterische Art und Weise in fremden Haushalten die Schulden der Eltern abarbeiten müssen, oder aber, wie im Kapitel „Kinderarbeit" bereits beschrieben, den Eltern versprochen wird, dass ihr Kind eine Ausbildung oder eine Arbeit bekommt.

Unterwegs hören wir zum x-ten Mal einen bestimmten Song. Er wird ständig im Radio abgespielt. „Der singt dauernd deinen Namen!" meint Sophia zu mir. So ähnlich, das Lied von dem ghanaischen Rapper Guru heißt „Lapaz Toyota" und die letzten drei Buchstaben erinnern Sophia an meinen Vornamen. Es wird quasi zu unserem Urlaubslied.

Nach vier Stunden erreichen wir Accra. Dort warten wir am Busbahnhof auf den Minibus, der uns nach Cape Coast bringen soll. Es ist bereits dunkel. Der Bahnhof ist voller Menschen, es geht hektisch zu. Um uns die Zeit zu vertreiben, essen wir „Meat-pie", eine Fleischpastete, bei der allerdings am Fleisch gespart wurde, denn es ist keines darin. Während ich warte, weist mich zum Glück ein Verantwortlicher darauf hin, meinen Rucksack lieber aufzusetzen, statt ihn lediglich zwischen meinen Füßen zu deponieren. Alles ist darin: mein Ausweis, meine Karten, mein Geld, meine Kamera, meine Objektive. Dieser ewige Gedanke „Es wird schon nichts passieren, mir ist die Tasche einfach gerade zu schwer" kann zum Verhängnis werden. Wie leichtsinnig von mir, ich müsste es eigentlich besser wissen. Denn in genau so einer Situation wurde mir vor einigen Jahren bereits in London meine Tasche geraubt, was ich erst bemerkte, als ich nach ihr greifen wollte.

Der Bus, den wir nehmen, ist recht bequem. Jenneke muss sich etwas quetschen und ihre Beine anziehen, denn sie ist ein ganzes Stück größer als ich. Ich bin froh, dass die Musik nicht so laut ist wie in anderen Bussen. Nach drei Stunden erreichen wir Cape Coast. Ein Taxi bringt uns zu der Festung mit dem Namen „Cape Coast Castle".

God's Way Liquid Soap

Der Anblick der Burg ist imposant. Ich bestaune das Gebäude. Eine Katze schleicht um unsere Beine herum. Die Gemäuer der Sklavenbastion sind beleuchtet. Hohe Palmen werfen ihre Schatten auf die weiße Mauer. Gespenstisch wirkt die Festung, wie sie da auf dem Felsen thront und die Wellen sich an ihr brechen. Was müssen die Sklaven für Todesängste ausgestanden haben, beengt, im Dreck, misshandelt, ohne Aussicht, jemals dem Gefängnis entkommen zu können. Das Geräusch des Meeres kann traumhaft sein, wenn man am Strand liegt, in der Mittagshitze unter Palmen Shrimps verzehrt und am Abend einen Cocktail. Doch hier, in Gedenken an die Gefangenen, ist das Meeresrauschen eher furchteinflößend.

Das Restaurant, in dem wir zu Abend essen, liegt gleich nebenan. Wir warten auf unser Essen. Auf dem Tisch steht eine Plastikflasche mit flüssiger Seife mit dem Namen „God's Way Liquid Soap". Auf religiöse Namen dieser Art werden wir noch das ganze Wochenende stoßen.

Wir übernachten in Doppelzimmern im „Han's Cottage Botel". Ein Frosch hat in der Dusche sein Zuhause gefunden und fühlt sich nun von mir gestört. Die Zimmer sind mit Ventilatoren ausgestattet; es ist ja auch heiß genug.

Am nächsten Morgen sehen wir uns die ganze Anlage an: Kleine Brücken, die über einen künstlichen See führen, laden zur Besichtigung der darin lebenden Krokodile ein. Beim Frühstück beobachten wir Webervögel. Unmengen dieser kleinen gelb gefiederten Tiere bauen unbeirrt von uns an ihren Brutstätten. Es ist faszinierend zu beobachten, wie sie kopfüber an den Nestern hängen und unermüdlich mit ihren Schnäbeln an ihren filigranen Nistplätzen basteln.

Nach dem Frühstück führt uns Ernest zunächst zum Kakum-Nationalpark. Schon von weitem hören wir, dass wir nicht allein sein werden. Man könnte meinen, es geht ins Schwimmbad, in dem Dutzende von Kindern herumtoben, und so ähnlich ist es dann auch. Es sind Schüler, die heute zwischen Baumwipfeln herumlaufen, und wir sind mittendrin. Auf 30 bis 40 Metern Höhe hat man einen etwas anderen Blick auf den Regenwald. Er beheimatet unter anderem Waldelefanten, Affen und Leoparden und über 200 Vogelarten. Doch von eventuellen Wildtieren, die sich hierher verirren könnten, kann keine Rede sein; die haben vor dem Geschrei die Flucht ergriffen. Nicht ein Schmetterling fliegt uns über den Weg, dabei sollen über 400 verschiedene Arten davon im Nationalpark leben. Immer wieder müssen wir warten, bis eine Gruppe von Schülern eine der sieben Brücken überquert hat, bis auch wir weiterlaufen dürfen. An ruhigen Tagen kann man angeblich mit etwas Glück Affen sehen, doch diese Tage sind rar, denn der Kakum-Nationalpark ist beliebt.

Aber nun bin ich zumindest auch einmal auf so einem „Canopy Walk" gelaufen, was ich schon immer mal machen wollte. Wenn man allein ist oder in einer kleineren Gruppe, stelle ich mir das schon schön vor. So aber habe ich nichts dagegen, die Hängebrücken zu verlassen und die Weiterfahrt anzutreten.

Unterwegs sehen wir Geschäfte mit den originellsten Namen. Ich weiß nicht, ob ich in Deutschland dem Fahrradhändler meines Vertrauens tatsächlich trauen würde, wenn sein Laden „The Blood of Jesus" hieße. In Ghana scheint es jedoch förderlich fürs Geschäft zu sein, seinem Business einen heiligen Anstrich zu verleihen. So fahren wir vorbei an einem Friseurladen mit dem Namen „Christ the King´s Beauty Salon", einem Kiosk mit der Aufschrift „Repent for the Kingdom is in God´s Hand", einer Schule, genannt „The Lord´s Girl School", einer Fahrschule mit dem Namen „Blessed Driving School" und Läden mit Namen, wie „If God Says Yes Who Can Say No" und „God Is my Shepherd".

„Und wie sagt man das dann? Ist das nicht etwas umständlich?" fragt Sophia Ernest, denn er als Ghanaer muss es ja wissen. „Man

kürzt das ab", erklärt er. „Man sagt dann zum Beispiel nicht: Ich
gehe jetzt zum Jesus Connector Communication Centre, sondern
einfach: Ich gehe jetzt zum „Jesus Connector" oder: Ich gehe zum
„If God says yes."

Die Goldküste

Ernest schlägt vor, zu dem nicht weit entfernt liegenden Fort
São Jorge da Mina in Elmina zu fahren. Wir sind einverstan-
den. Mir zuliebe machen wir jedoch zuvor noch einen kurzen
Abstecher zum Cape Coast Castle. Es ist eines von vielen Forts,
die sich entlang der ghanaischen „Goldküste" finden, wie der
Küstenstreifen hier einst genannt wurde, und gehört zum UNES-
CO-Weltkulturerbe. Es diente, wie die anderen Festungen auch,
als Handelsstützpunkt für die Kolonialmächte und wurde danach
von verschiedenen europäischen Nationen eingenommen.
Grundlage bildeten Pachtverträge mit hiesigen Herrschern.

Ich gehe alleine ein paar Meter in die Festung hinein, denn ich
würde sie gerne von innen sehen. Vom Hof führt eine Steintreppe
zu den Balkonen. Alles ist weiß gekalkt. Innen stehen Verkaufsstände, und die Frauen werden wieder einmal fuchsteufelswild,
weil ich Fotos schieße. Ich dachte, es sei hier erlaubt. Ernest, der
mir nachgekommen ist, rettet die Situation wie auch immer; ich
verstehe nämlich nicht, was er zu ihnen sagt. Im Cape Coast
Castle ist es brechend voll von Schülern, wahrscheinlich sind es
dieselben, die eben noch den Canopy Walk gestürmt haben. Hier
findet Bildung lebensnah statt, und das ist gut so. Seine eigene
Geschichte und Kultur hautnah zu erfahren und zu erleben,
prägt. Ich selbst erinnere mich an Schulausflüge zum Schloss
Neuschwanstein oder nach Ostberlin, als die Stadt noch geteilt
war. Diese Ausflüge sind mir lebhafter in Erinnerung geblieben
als jede trockene Unterrichtsstunde, von denen es im Laufe meines Schülerdaseins leider mehr als genug gab.

Da es uns doch zu voll ist, machen wir im Hof der Festung kehrt. So weit war ich gekommen ohne Eintritt bezahlen zu müssen. Wir gehen zurück zu den anderen, die im Auto auf uns warten.

Unterwegs halten wir am „Monkey Forest Resort", einer Auffangstation für verletzte Tiere, an der wir zufällig vorbeifahren. Das Resort wird von einem holländischen Ehepaar geleitet. Wir nehmen am Tisch Platz und warten, bis die Besuchergruppe vor uns ihren Rundgang beendet hat. Sophia und Jenneke unterhalten sich auf Holländisch mit den beiden, wobei er mir schon recht angeheitert erscheint nach der geöffneten Bierflasche und dem roten Gesicht zu schließen. Aber vielleicht ist es einfach nur seine Art, die ihn angesäuselt erscheinen lässt. Jenneke jedenfalls ist glücklich über diese Begegnung: „Das sind richtige Rotterdamer – genauso sind die, das ist toll!"

Wir bekommen eine Führung durch einen Mitarbeiter. Zuerst entdecke ich auf dem Weg eine Gottesanbeterin. Diese Insekten sind mir in etwa so geheuer wie Spinnen. Es kommt vor, dass die weiblichen Gottesanbeterinnen die Männchen während der Begattung ganz oder teilweise auffressen. Ein Anblick, der uns zum Glück erspart bleibt. Wir bevorzugen andere exotische Tiere wie die afrikanische Zibetkatze. Die Tiere, die hier gelandet sind, waren verletzt aufgefunden und hierhergebracht worden und sind hier nun in Käfigen untergebracht.

So richtig überzeugt bin ich von diesem Tierheim nicht. Die Krokodile beispielsweise benötigen vielleicht nicht jeden Tag neues Badewasser, doch ist die Lache, in der sie leben, meines Erachtens zu winzig und zu verdreckt. Auf dem Hang soll ein Campingplatz entstehen, doch es fehlt noch an Geld. Vielleicht ist das der Grund für meinen lediglich mäßigen Gesamteindruck.

Elmina

Nach einem Getränk auf der „Daktari Terrace" des Tierheims fahren wir mit dem Taxi weiter nach Elmina. Unterwegs fotografiert Sophia ein Straßenschild mit dem Namen „Gouda Street". Die Festung ist schon von weitem zu sehen. Zu ihren Füßen herrscht ein buntes Treiben: Unmengen an Fischerbooten liegen hier vor Anker, Frauen und Kinder tragen Waren auf ihren Köpfen, blaue Fischernetze liegen herum und bunte Fähnchen aus aller Herren Länder zieren die Masten der Fischerboote.

Um ihr Monopol zu sichern und ihre Waren zu lagern, bauten die Portugiesen ein Fort, aus dem schließlich 1482 diese Burg entstand. São Jorge da Mina gilt als die größte und älteste europäische Festung Afrikas südlich der Sahara.[5] Es war das erste Mal, dass ein Stück Land von einem westafrikanischen Chief an einen Europäer übergeben wurde. Waren die Portugiesen zunächst an Elfenbein, Gewürzen und Kunsthandwerk und vor allem an Gold interessiert, das sie gegen Spirituosen, Gewehre, Schießpulver, Eisen oder auch Tabak eintauschten, begannen sie später mit dem Handel menschlicher Ware. Über 150 Jahre lang diente die Burg den Portugiesen als Stützpunkt, bevor sie 1637 von der Niederländischen Westindien-Kompanie eingenommen wurde und 1872 an die Briten überging.

Fünf hohe Palmen ragen in den Himmel. Wir überqueren die Brücke, die über den Burggraben führt. Zum Glück sind wir um diese spätnachmittägliche Stunde gekommen, denn kurz zuvor muss der ganze Hof voller Touristen gewesen sein, wie uns am Eingang erzählt wird. Im Moment, so scheint es, sind wir jedoch die Einzigen.

Würde man sich die grausame Geschichte wegdenken, wäre sie schön, die Architektur der Festung. Auch hier ist alles weiß gekalkt. In der Mitte befindet sich ein kleines Museum, der ehemalige Raum, in dem der Handel mit Waren stattgefunden hat.

---

[5] Vgl. Ashun, Ato (2004):
Elmina, the castle & the slave trade, Elmina, S. 29ff

Mittlerweile sind noch ein paar weitere Touristen eingetroffen. Wir bekommen einen Führer namens Frances. Meine Fragerei nervt ihn erstaunlicherweise bereits nach wenigen Minuten. Doch er gibt sich professionell und macht mich darauf aufmerksam, dass ich mir zum Schluss ein Heft und eine DVD zum Thema besorgen könne, wenn ich nähere Informationen haben wolle. Wir haben Probleme, ihn zu verstehen, was entweder an unserem durchschnittlichen Englisch oder seiner mittelprächtigen Aussprache liegt. Die Wahrheit liegt wohl in der Mitte.

Irgendwann schauen alle in Richtung eines Mannes in einem gestreiften T-Shirt. „Oh nein!" Ernest wird ganz aufgeregt. „Das ist Majid Michel, ein echt bekannter ghanaischer Schauspieler!" Majid Michel scheint sich zu freuen, dass er erkannt wird, und lässt sich geduldig mit Ernest ablichten. Nach dieser kleinen Ablenkung widmen wir uns wieder Frances.

Gleich im Haupthof sind zwei Zellen. Über einer hängt ein Totenschädel. Frances erklärt: „In die Zelle ohne den Schädel kamen europäische Soldaten, die sich betrunken oder fehlverhalten hatten. Sie wurden zur Strafe hier eingesperrt, aber auch wieder herausgelassen. Die andere Zelle, die mit dem Schädel über der Tür, war den Sklaven vorbehalten, die für ihre Freiheit kämpften und zu fliehen versuchten. Sie verhungerten und verdursteten in dieser Zelle. Nach dem Tod verrottete der Körper in der Gegenwart der anderen Gefangenen, bis auch sie starben, oder aber der Leichnam wurde ins Meer geworfen, zur Abschreckung für diejenigen, die Gleiches vorhatten."

Im Verlies

Frances führt uns weiter durch die verwinkelte Festung, in der 1000 Afrikaner gleichzeitig untergebracht werden konnten. Schmale Durchgänge verbinden die Räumlichkeiten. Frances führt uns durch einen Kerker in einen Innenhof. „In dem Verlies wurden die Frauen untergebracht", erklärt er. Vom Balkon aus konnte der Gouverneur in den Innenhof hinabblicken. Dort wurden ihm die Frauen vorgeführt, wenn er den Wunsch verspürte, eine von ihnen zu missbrauchen. Nach Gutdünken suchte sich der Gouverneur von oben herab eine Frau zu seinem Vergnügen aus. Nach der Vergewaltigung wurde sie ins Verlies zurückgebracht, wenn der Gouverneur sie nicht als Maitresse behielt.

Beim Versuch, die Schuld der Europäer zu relativieren, kann man nun anbringen, dass Sklaverei innerhalb Afrikas schon Jahrhunderte lang vor der Ankunft der Europäer praktiziert wurde. Das lag daran, dass in den afrikanischen Kulturen Lohnarbeit nicht bekannt war, man aber trotzdem Arbeitskräfte benötigte, um den eigenen Produktionsbedarf abzudecken. Doch hatten diese Sklaven häufig Rechte. So konnten sie heiraten, Eigentum erwerben, ihre Kinder frei erziehen, gesellschaftlich aufsteigen und durften nicht willkürlich umgebracht werden.

Den Europäern kam der innerafrikanische Sklavenhandel gelegen. Ohne diese bereits vorhandenen Strukturen wäre es den Europäern kaum möglich gewesen, den Handel mit Menschen in diesem Ausmaß zu betreiben. Diese verfestigten sich und wurden von den europäischen Menschenhändlern weiter ausgebaut.

Unter den Europäern war ein Sklave uneingeschränktes Eigentum des Besitzers und seiner Willkür ausgesetzt. Heiraten durfte man nur mit seinem Einverständnis, ein Grundstück zu erwerben war einem Sklaven oder einer Sklavin unmöglich. Die Nachfahren wurden nicht in Freiheit geboren und konnten jederzeit vom Besitzer weiterverkauft werden. Sie waren einfach rechtlos.

Mindestens ein bis zwei Monate wurden die Sklaven in der Burg festgehalten.[6] Von Körperhygiene konnte keine Rede sein. Die Verliese waren verdreckt, voll mit Urin und Erbrochenem, und was den Frauentrakt betraf, mit Menstruationsblut. So lebten die Gefangenen tagtäglich unter den schlimmsten Bedingungen. Es war heiß und muss bestialisch gestunken haben. Sie bekamen gerade so viel zu essen und zu trinken, dass sie nicht verhungerten und verdursteten. Viele von ihnen starben unter diesen Zuständen.

Nach ein bis zwei Monaten brachten die Sklavenhändler die Männer und Frauen gemeinsam in Ketten in den „Room of no Return", den „Raum ohne Wiederkehr". Dort traten sie durch eine sehr kleine Öffnung, genannt „Door of no Return" – „Tür ohne Wiederkehr". Auf Kanus wurden sie zu den Galeeren transportiert. Nach allen Qualen, die die Sklaven bis zu diesem Zeitpunkt zu erleiden hatten, kam nun die allerschlimmste auf sie zu: Der Transport auf dem Sklavenschiff.

Am Ende besichtigen wir noch die Räumlichkeiten des Gouverneurs. Jenneke erkennt den holländischen Architekturstil wieder. Danach ist unser Rundgang zu Ende. Zum Abschluss essen wir im Restaurant der Festung und verlassen dann das Fort und Elmina.

Auf dem Rückweg halten wir noch bei Ernests Eltern. Sie bieten uns Limonade in Flaschen an. Wir sitzen auf der Terrasse. Hier, bei seinen Eltern, lebt auch Ernests Sohn. Mir fällt ein Mädchen auf, das Wäsche wäscht. Das Mädchen stellt sich vor die Mutter, die Hände vorne gefaltet. Es hat wohl eine Frage und schaut dabei verschüchtert auf den Boden. Den Blick der Mutter auf das Mädchen würde ich als reichlich unterkühlt beschreiben. Warmherzigkeit sieht anders aus. Beim Abschied streckt der Junge seine Hand aus und Ernest drückt ihm einen Geldschein hinein. Auf der Weiterfahrt, im Auto, frage ich Ernest nach dem Mädchen. Er sagt nicht viel dazu, nur, dass es von einer anderen

---

[6] Vgl. Ashun, Ato (2004): Elmina, the castle & the slave trade, Elmina, S. 43ff

Familie stamme und nun bei seinen Eltern lebe.

Die Unterkunft mit dem Namen „Stumble Inn", in dem wir die folgende Nacht verbringen, schlägt Ernest vor. Es ist großartig, was er uns an diesem Wochenende alles gezeigt hat. Das Hotel liegt direkt am Meer. Wir beziehen keinen Bungalow, sondern ein Zimmer, denn das ist günstiger. Die Mitarbeiter fragen uns, ob wir Lust haben, die Matratzen mit hinauszunehmen und draußen am Lagerfeuer zu übernachten. Das finden wir eine gute Idee und setzen sie gleich um. Für das Feuer fühle ich mich für den Rest des Abends zuständig. Der hauseigene Hund hat sich in Jenneke verliebt und bleibt treu an ihrer Seite. Nach einer Nacht im Freien und einigen Insektenstichen mehr, machen wir uns am nächsten Tag auf den Weg zurück zur „Africa Mercy".

REISE NACH BENIN

Im Taxi

Nun bin ich im Reisefieber und überlege mir, das östliche Nachbarland von Togo zu erkunden. Im Starbucks-Café läuft alles rund und sobald sich die Möglichkeit bietet, an einem Freitag freizubekommen, mache ich mich auf den Weg nach Benin. Nachdem meine neu gewonnenen Freunde allesamt arbeiten müssen, nur ich nicht, entschließe ich mich, alleine dorthin zu fahren, genauer gesagt: nach Ouidah. Das ist gleichzeitig eine gute Vorbereitung auf die geplante Reise durch Togo und Benin am Ende meines Schiffsaufenthalts. Und in Ouidah kann ich der Geschichte der Sklaven auf die Spur kommen.

Ich fahre am Freitag mit dem Taxi los. Es ist nicht weit nach Benin, und nach kurzer Zeit steuert das Taxi auf die Grenze zu. Unser Auto wird langsamer und reiht sich in die Kolonnen ein, die sich vor dem Grenzübergang gebildet haben. Ein Mann auf der Straße, dessen Aufgabe nicht wirklich ersichtlich ist, brüllt unseren Taxifahrer an, woraufhin dieser einen viertel Meter weiter nach vorne fährt. Was das bringen soll erschließt sich mir zwar nicht, scheint aber den Mann auf der Straße zu beruhigen. Frauen kommen zum Autofenster gerannt und bieten Essen und Getränke an. Ein Mopedfahrer, der sich im Gegenverkehr zwischen unser Taxi und einen LKW zwängen will, wird von zwei Männern geradezu angefallen. War wohl doch etwas zu eng, finden die beiden. Das Ganze endet in einem Gerangel, es fehlt nicht mehr viel bis zur Prügelei. Irgendwer schiebt das Moped zur Seite, und wir fahren im Schneckentempo weiter bis zur Grenze.

Nach den Formalitäten an der Grenze, die sich dank meines Mercy-Ship-Visums umkompliziert gestalten, steige ich in ein Sammeltaxi, das so lange mit dem Abfahren wartet, bis es voller kaum mehr geht. Zwar gehöre ich zu den Glücklichen, die in praktisch jeder Haltung und zu jeder Tageszeit schlafen können, doch mein Sitzplatz vorne in der Mitte des Renault zwischen Fahrer, Gangschaltung und dem Mitfahrer rechts von mir zwingt mich dazu, eine dermaßen schiefe Position einzunehmen, dass noch nicht einmal an einen Sekundenschlaf zu denken ist. Zudem muss ich bei jedem Schaltvorgang, den der Fahrer ausführt, das Bein anheben, um Platz zu machen. Nach geschätzter Halbzeit bitte ich meinen Nachbarn, den Platz mit mir zu tauschen, und hoffe, dass die Autotür stabil genug ist, um dem Druck standzuhalten. Nun sitzt nämlich er so schief, dass er mich beinahe aus der Tür drückt. Auf der Rückbank haben vier Menschen Platz genommen, wobei noch ein Kind auf dem Schoß seiner Mutter sitzt, also sitzen dort fünf. Überdies hat die zuletzt Zugestiegene den Umfang von 2-3 schlanken Männern. Oder Frauen. Aber wenn der Rubel rollt, oder der CFA, passen auch 5+ Menschen auf die Rückbank. Was schlussendlich meine Frage beantwortet, warum der Fahrer zwischen Grenze und Ouidah fünf Mal anhält. Tatsächlich erlaubt sind lediglich insgesamt vier Mitfahrer, wie mir ein Herr von hinten bestätigt. Gegen angemessenes Kleingeld drücken die Kontrolleure, welche die Autos am Straßenrand herauswinken, aber gerne ein Auge zu. „Korruption", sagt mein Gesprächspartner, der hinter mir auf der Rückbank sitzt. „Mit Geld ist alles möglich" Ob er glaube, dass sich das jemals ändern wird? „Kurzfristig nicht. Aber langfristig vielleicht." Wir haben genug Zeit, uns zu unterhalten. 15 Jahre lang habe er in New York gelebt, erzählt er mir. „Aber ich wollte wieder zurück. Togo ist meine Heimat. Meine Frau ruft immer wieder an, ich soll zurück nach New Yok kommen. Und ich sage ihr immer, sie soll mit unseren beiden Töchtern wieder zurückkommen, zurück nach Togo".

Der Handel mit Menschen

Ich steige aus dem Taxi und werde von Moped-Taxis umringt. Ein junger Fahrer freut sich auffallend über meine großzügige Bezahlung. Da habe ich mal wieder nicht gut gehandelt. Er fährt mich zum „Hotel Edelweis Les Retrouvailles", in dem ich mich für zwei Nächte einquartiere. Es ist leer, ich scheine der einzige Gast zu sein. Gleich nach der Ankunft mache ich mich auf zum Historischen Museum, das im alten portugiesischen Fort São João Baptista d'Ajudá untergebracht ist, in dem einst Sklaven „zwischengelagert" wurden. Im Hinterhof des Forts mussten sie etwa zwei Wochen auf den Abtransport warten.

Während im 16. Jahrhundert Sklaven überwiegend aus den oberen Küstenregionen Westafrikas stammten, erweiterte sich das Herkunftsgebiet ab der Mitte des 17. Jahrhunderts auf die „Gold"- und dann auf die „Sklavenküste".[7] Während die „Goldküste" das Küstengebiet des heutigen Ghana bezeichnet, war Togo wiederum Teil der sogenannten „Sklavenküste", die vom Fluss Volta im heutigen Ghana bis in den Westen von Nigeria reichte. Bis ins 18. Jahrhundert waren dies die Hauptherkunftsländer der Sklaven. Später erstreckte sich das Gebiet auf Nigeria, das Kongobecken, Angola und später auch Ostafrika.

Nachdem die Europäer zunächst Stoffe, Spiegel, Eisen, Kupfer und Bronze, Glasperlen, Kaurimuscheln oder Feuerwaffen, Alkohol und andere Waren gegen Gold, Gewürze, Elfenbein, Kautschuk, Palmöl und Yams als Nahrungsmittel für die Schiffsbesatzung eingetauscht hatten, begannen sie bald mit Sklaven zu handeln. Es waren also nicht nur die Europäer, die brutal und menschenunwürdig mit den Sklaven umgingen, sondern auch die mächtigen Könige von Abomey, die ihr eigenes Volk verkauften und dadurch Reichtum anhäuften.

Der Verkauf von Menschen war für die afrikanischen Könige ein wichtiger Wirtschaftsfaktor. 15 Männer für eine Kanone, 21

---

[7] Vgl. Reuter, Astrid (2003): Voodoo, München, C.H. Beck Verlag, S. 14

Frauen für eine Kanone, sieben Frauen für eine Goldkette, zwölf Männer für einen Likör. So in etwa sah der Handel aus. Die Könige verkauften Kriegsgefangene, aber auch Angehörige ihres eigenen Königreiches. Wurden sie nicht verkauft, setzte man sie als Arbeitskräfte im eigenen Land ein.

Je nach Quelle wird die Zahl der Menschen, die zwischen dem 16. und dem 19. Jahrhundert Opfer des transatlantischen Sklavenhandels wurden, auf zehn bis vierzehn Millionen beziffert. Allerdings starben geschätzte 20% bis 40% auf der qualvollen Überfahrt an Krankheiten, Unterernährung, Misshandlung und nicht zuletzt durch Schiffbruch.[8]

Das Fort

Am Fort angekommen, betrete ich den Eingang, um den Eintritt zu bezahlen. Eigentlich will ich zunächst gar keinen Führer, aber der schlaksige Mann, der da am Eingang auf der Bank sitzt, ist der Meinung, dass ein Rundgang ansonsten keinen Sinn mache. Ich lasse mich schnell überreden. Serge Rustico, so heißt er, führt mich die Treppen hoch in die Räume des Museums. Die Exponate, die im Museum gezeigt werden, spiegeln die Geschichte, Kultur und Religion des Landes wider. Alte portugiesische Münzen, eine Kopie einer von Portugiesen erstellten Afrika-Karte, Fetische sowie Bilder und Fotografien aus der Zeit der Sklaverei sind hier ausgestellt. Die Festung, so lerne ich, wurde 1721 errichtet, war zwischenzeitlich in der Hand französischer Missionare, danach erneut von den Portugiesen besetzt, die sie schlussendlich im Jahre 1961 die Festung wieder verließen.

Das Königreich Dahomey, das sich seit der Eroberung Ouidahs im Jahre 1727 bis zur Küste erstreckte, wurde Ende des 19. Jahrhunderts von Frankreich besetzt und 1960 wieder in die Unabhängigkeit entlassen. Fortan hieß es „Republik Dahomey", bis im Jahre 1975 aus Dahomey die „Volksrepublik Benin" wurde.

[8] Vgl. Schicho, Walter: Geschichte Afrikas, Konrad Theiss Verlag GmbH, 2010, S. 55

Die Hauptstadt des damaligen Königreichs hieß – und so heißt die Stadt immer noch – Abomey. Dorthin wird mich auch meine Reise durch das Land am Ende meines Aufenthaltes führen. Diese Stadt gilt als Wiege des Voodoo, eine Religion, die in Benin neben dem Christentum als Staatsreligion anerkannt wird.

Plastisch anhand von Bildern dargestellt, kann man in dem Museum verfolgen, wie die Sklaven in Übersee in den unterschiedlichsten Bereichen eingesetzt wurden. Sie arbeiteten in der Zuckerproduktion oder auf Plantagen. Etwas besser bestellt war es um die Sklaven aus Nigeria und Dahomey. Sie galten als intelligenter als die aus dem angolanisch-kongolesischen Raum stammenden Bantu und wurden auf den Sklavenmärkten jenseits des Atlantik als Haussklaven angeboten. Teilweise fungierten sie als „Verdienstsklaven" und verkauften auf dem Markt Blumen, Tabak oder Tiere.[9] Von dem Ertrag mussten sie ihren Eigentümern einen bestimmten Betrag auszahlen. Den Erlös, den sie darüber hinaus verdienten, wenn sie mit den Kunden handelten, konnten sie behalten. So war es manch einem Sklaven möglich, Geld anzusparen und sich freizukaufen. Die Bantu stufte man als minder intelligent und unterentwickelt, dafür jedoch als kräftiger ein. Sie wurden für die – sozial auch strenger kontrollierte – Feldarbeit eingesetzt.

Trotz des Verbots des Sklavenhandels durch die Europäer zu Beginn bis Mitte des 19. Jahrhunderts, erlebte der Sklavenhandel einen neuen Aufschwung, als befreite Sklaven nach Afrika zurückkehrten, um ebenfalls aus dem Handel mit Sklaven Profit zu schlagen.

Die afrikanischen Könige schienen alles in allem mitnichten zart besaitet. In einem Raum des Museums ist eine Art Harke ausgestellt, die der König aussandte, wenn er jemanden zu sich bestellte. Kam derjenige zu spät, wurde ihm damit kurzerhand der Kopf abgetrennt. So zumindest erzählt es Serge.

Serge erklärt mir auch, dass die Sklaven die Namen ihrer Eigentümer annehmen mussten. Da sein Urgroßvater ein Sklave gewesen war, heiße er nun so, wie dieser hieß.

---

[9] Reuter, Astrid (2003): Voodoo, München, C.H. Beck Verlag, S. 21

Ich stelle anscheinend überdurchschnittlich viele Fragen, was ein wenig an seiner Geduld zehrt. Verglichen mit anderen Guides, die ich schon kennenlernen durfte und noch kennenlernen sollte, reißt er sich noch einigermaßen zusammen. Und da er in einem Museum arbeitet, muss er da einfach durch, finde ich.

„Ouidah", erklärt er mir, „hieß früher Xwéda, was so viel heißt wie „Jemand, der Pythons verehrt".

Man schätzt, dass etwa drei Millionen Afrikaner von Ouidah aus verschickt worden sind.[10] Auf diesem Wege wurde auch Voodoo nach Süd- und Nordamerika und in die Karibik exportiert.

Auf einem weiteren Bild sind Sklaven auf einer Sklavengaleere abgebildet. „Die Männer", erklärt Serge, „mussten alle auf dem Bauch liegen, die Frauen auf dem Rücken, damit sie den europäischen Sklavenhändlern immer zur Verfügung stehen konnten."

Mami Wata

Serge erklärt mir, dass jeder seine eigene Gottheit hat. Seine sei Mami Wata, oder besser gesagt: Seine Göttin. Sie wird nicht immer, aber meistens weiblich dargestellt. Mami Wata ist eine Wassergöttin, langhaarig und mit einem Fischschwanz. Sie hat gute und schlechte Seiten, erfüllt Wünsche nach Fruchtbarkeit und Reichtum, kann aber auch Raffgier und ein ausschweifendes Leben abstrafen, bis hin zum Tod. In Benin achtet man sie als helfende Gottheit, im Kongo dagegen wird sie als strafende Gottheit gefürchtet.[11]

Ein Priester, so sagt Serge weiter, findet mittels einer Zeremonie heraus, welcher Gott für einen gut ist. Kokanüsse, Alkohol, Kaurimuscheln und verschiedene Objekte beziehungsweise Orakel sind dabei im Spiel. Wer eine Frage hat, flüstert sie in die Objekte, die er in der Hand hält, hinein. Das Ganze kostet 10.000 CFA, das sind etwa 20 Dollar. Er zeigt mir seinen goldenen Ring. „Der schützt mich gegen schlechte Einflüsse. Damit kann mir nichts

---

74

[10] Vgl. Deutsche Botschaft Cotonou, www.cotonou.diplo.de/ Vertretung/cotonou/de/04/Touristisches/seite_ouidah.html, 15.02.2014

[11] Vgl. Lademann-Priener, Gabriele (2010): Benin – Wiege des Voodoo, Marburg, Tectum Verlag, S. 119

passieren." Und ich erfahre auch, dass er verheiratet ist und donnerstags und freitags keinen Geschlechtsverkehr mit seiner Frau hat, wie es nach seiner Aussage in einer Ehe sein soll, wenn Mami Wata die persönliche Göttin ist.

Serge führt mich in einen weiteren Ausstellungsraum. Die hier gezeigten Objekte sind über einen Meter hoch, aus Metall und bestehen aus schwarzen, schlanken Stäben. Sie repräsentieren die Ahnen und stellen am oberen Ende dar, was den Verstorbenen ausmachte. Serge deutet auf ein solches Objekt. „Die hier nennt man „Assin", erklärt er. Auf einem ist am Kopfende ein Haus zu erkennen. „Wahrscheinlich war der Verwandte Zimmermann". Auf zwei weiteren ist jeweils eine Muschel beziehungsweise eine Kalebasse zu erkennen. „Ein Fischer, ein Koch. Die Hinterbliebenen bringen ihnen dann Geschenke und Alkohol."

Wir verlassen die Innenräume und begeben uns auf den Hof. Um das Fort herum gab es zu jener Zeit einen Wassergraben mit Krokodilen darin, denen unwillige Sklaven zum Fraß vorgeworfen wurden.

Am Ende meines Museumsrundgangs vermittelt mir Serge einen Freund, der mir am nächsten Tag die Sklavenroute zeigen soll. Wir verhandeln den Preis und ich bezahle dafür auf jeden Fall zu viel, das weiß ich. Manchmal macht man Dinge wider besseres Wissen, denke ich und fahre zurück ins Hotel, um meinen obligatorischen Reis mit Tomatensoße zu essen.

Dort bin ich anscheinend immer noch der einzige Gast. Im Hinterhof meiner Unterkunft ist ein Affe an einen Baum gekettet. Immer wieder versucht er verzweifelt, die Kette von sich zu streifen, ich kann kaum hinsehen. „Der Chef hat ihn schon als Baby hergebracht. Er soll Touristen anziehen", erklärt mir der Mitarbeiter des Hotels. Ich sage ihm offen, dass mich das eher abstößt, und er stimmt mir sogar zu: „Es ist wie im Zoo. Allerdings lassen wir ihn manchmal frei, doch er kommt immer wieder zurück".

Die Schlange, die sich selbst isst

Während ich am nächsten Morgen auf Faustin Odjo warte, den Freund von Serge, beobachte ich eine Agame, die sich auf der Mauer sonnt. Ich finde die Echse schön, sie hat einen blauen Körper und einen orangefarbenen Kopf.

Als Faustin Odjo endlich auftaucht, steige ich auf den Rücksitz des Mopeds.

Wie schon mehrfach beschrieben, war das Leben der Sklaven geprägt von unfassbaren Qualen, die nicht erst auf den Sklavenschiffen begannen. Eine der vielen Leidensstationen war die „Place Chacha". Der Platz ist benannt nach Francisco Félix de Souza, genannt Chacha. Der Brasilianer – man vermutet, dass er sich nach einem ersten Aufenthalt um 1780 im Jahre 1800 endgültig in Westafrika niederließ [12] – pflegte beste Kontakte zu König Gezo von Abomey und stieg im Laufe der Zeit zu dessen Vizekönig auf. In seiner Hand lag der Sklavenhandel Ouidahs, und so wurde der Platz, auf dem die Figur eines männlichen Sklaven unter einem Baum aufgestellt ist, zum Sklavenmarkt. Hier kauften die unterschiedlichen europäischen Mächte die menschliche Ware. Die Geschichte des Brasilianers wird in Bruce Chatwins Roman „Der Vizekönig von Ouidah" erzählt, in der Figur des Francisco Manoel da Silva. Mindestens so eindrücklich ist die Verfilmung mit dem Titel „Cobra Verde", in jeder Hinsicht passend besetzt mit Klaus Kinski.

Die Route, welche die Sklaven bis zum Meer gehen mussten, ist vier Kilometer lang und gesäumt von zahlreichen Statuen, die zum Teil Voodoo-Symbole darstellen. Da ist zum Beispiel die Schlange, die sich selbst isst. „Ein Symbol für Kontinuität, Leben und Reproduktion. Und hier die Hyäne, die sich ebenfalls selbst frisst. Sie soll darstellen, dass die schwarzen Könige ihre eigenen Kinder an die Weißen verkauft haben", erklärt Faustin.

---

[12] Vgl. Lademann-Priemer, Gabriele: Benin – Wiege des Voodoo, Tectum Verlag, 2010, S. 51

Amazonen

Erstaunlich finde ich die Tatsache, dass hier im Königreich Dahomey weibliche Kriegerinnen ausgebildet und in Kämpfen eingesetzt wurden. Auch sie sind als Statuen am Wegesrand dargestellt.

Die Amazonen rückten zu jener Zeit zu Raubzügen und Kriegen aus und bildeten die Elite des Heeres.[13] Die Europäer waren von ihnen ausgesprochen beeindruckt, denn ihr unerschrockenes, kriegerisches Auftreten war keine Schau, sondern das Wissen um ihre Überlegenheit gegenüber ihren männlichen Pendants und ihren Feinden. Die Kriegerinnen hatten ein hartes Training zu absolvieren und standen in dem Ruf, grausam zu sein. Die Frauen waren groß und stark und in der Lage, die Gewehre schneller nachzuladen als die Männer. Zudem zeichneten sie sich dadurch aus, treffsicherer zu schießen.

Obgleich diese Frauen nicht die Freiheit besaßen, selber zu entscheiden, ob sie zum Heer wollten oder nicht, sondern ungefragt rekrutiert wurden, waren sie hoch motiviert. Sie galten als furchtlos und gaben ihr Leben für den König hin.

Bereits Anfang des 18. Jahrhunderts gab es weibliche Palastwachen, die die Aufgabe hatten, die Frauen im Königspalast zu beschützen. Doch ein richtiges Frauenheer entstand erst im Jahre 1815 unter König Gezo. Daraus entwickelte sich das Eliteheer mit 5000 bis 8000 Frauen, eingeteilt in unterschiedliche Einheiten mit jeweils bestimmten Funktionen und Spezialisierungen. So unterschieden sich die mit Rasiermessern ausgestatteten Nahkämpferinnen von den Kriegerinnen, die ihren Gegnern mit Pfeil und Bogen Angst und Schrecken einjagten, oder von den „Elefantenjägerinnen", welche als Kampftruppe ihre Gegner überrumpelten. Gegen die Franzosen, gegen die sie bis 1894 kämpften, unterlagen jedoch letztendlich auch sie.

Die Amazonen waren übrigens eine Attraktion auf den Völ-

---

[13] Vgl. Appelt, Hedwig: Die Amazonen, Konrad Theiss Verlag GmbH, 2009, S. 152ff

kerausstellungen in Europa. Solche Völkerschauen, wie sie unter anderem Carl Hagenbeck zum ersten Mal im Jahre 1875 mit Lappländern veranstaltete, zogen die Massen an. Die Begeisterung rührte einerseits daher, dass sich nun auch Deutschland zu den Kolonialmächten zählen konnte. Doch wie Hedwig Appelt in ihrem Buch „Die Amazonen" erläutert, übten gerade die Amazonen, diese exotischen Frauen aus dem dunklen, wilden Afrika, auch und besonders deswegen einen besonderen Reiz aus, weil die Betrachtung des Frauenkörpers so „salonfähig" wurde. Ihr zufolge durfte der Zuschauer nun seinem Voyeurismus freien Lauf lassen und nackte Haut betrachten, und das aus vordergründig rein ethnologischem Interesse. Und besonders verlockend war natürlich die Tatsache, dass es sich auch noch um Kriegerinnen handelte.

Die von Buchten, sattem Grün und Palmen gesäumte Route muss für die Sklaven die Hölle gewesen sein. Alles diente der Vorbereitung auf den mehrmonatigen Transport über das Meer, in eine für die Menschen ungewisse und wie zu erahnen, dunkle Zukunft.

Auf dem Weg zum sogenannten Zomaï Cabin, dem „Haus der Dunkelheit", einer heute nicht mehr existierenden Hütte, die jetzt durch ein Denkmal ersetzt ist, mussten die Sklaven den „Tree of Forgetting", also den „Baum des Vergessens" umkreisen. „So sollten sie wehrlos und schwach werden. Die Männer mussten ihn neun Mal, die Frauen sieben Mal umrunden. Durch dieses Ritual sollten die Gefangenen ihre Heimat vergessen", erklärt mir Faustin. „Zomaï bedeutet: Wo kein Licht hinkommt. Hier harrten die Sklaven zwei Wochen aus, bevor sie vom Strand aus verschifft wurden, und zwar in hockender Haltung." Eine Stellung, die ich nur wenige Minuten aushielte, überlege ich. „Auf diese Weise sollten Rebellionen verhindert und die Sklaven auf die brutale Überfahrt vorbereitet werden, während der sie beengt unter Deck im Dunkeln weiter um ihr Überleben kämpfen mussten", erzählt

Faustin weiter. „Nur die Stärksten sollten auf die Schiffe kommen. Wer die Torturen auf der Route der Sklaven nicht durchhielt, wurde umgebracht". Ein weiteres Ritual, bei dem die Sklaven drei Mal den „Tree of Return", den „Baum der Wiederkehr" umrunden mussten, sollte dafür sorgen, dass sie nach ihrem Tod zwar nicht mehr physisch zurückkehrten, jedoch ihre Seele den Weg in die Heimat finden würde. Diese Zeremonie bedeutete für sie die letzte, endgültige Verabschiedung von ihrer Heimat.

Vorbei am Memorial of Remembrance, das am Massengrab der Sklaven steht, welche die Qualen nicht überlebten, und weiteren Statuen fahren wir in Richtung Strand.

Wieder mache ich unterwegs den Fehler, ein Foto schießen zu wollen, und ein togolesischer Tourist sieht sich von meiner Kamera erfasst. Also stellt er sich provokativ mit seiner Kamera vor mich und fotografiert mich, sichtlich verärgert. Zum Glück erkennt eine seiner Mitreisenden, dass ich an ihm als Motiv kein Interesse habe – ich zeige ihm auch durch eine Handbewegung, dass er mir im Weg steht – und zieht ihn zur Seite.

Am Strand steht das mit Hilfe der UNESCO erbaute Monument „Porte du Non Retour", das „Tor ohne Wiederkehr". Das Ufer ist weitläufig. Ich versuche, mir die damalige Situation vor Augen zu halten, als am Horizont die Sklavenschiffe darauf warteten, mit „Ware" gefüllt zu werden. „Einige der Sklaven sprangen vor Angst auf dem Weg von der Küste zu den Schiffen von den Langbooten, die sie transportierten, ins Wasser und ertranken", sagt Faustin. Die Schiffe waren überfüllt, die Gefangenen wurden zusammengepfercht, geschlagen, vergewaltigt. Sie saßen in ihren eigenen Ausscheidungen, viele erkrankten oder starben und wurden über Bord geworfen.

Ich setze mich auf die Stufen vor dem Tor. Ein Einheimischer spricht Faustin mit „Professor" an. Hinter mir rauscht das Meer. Am 10. Januar eines jeden Jahres wird hier am Strand ein großes Voodoo-Fest gefeiert. Faustin lädt mich dazu ein.

Im Pythontempel

Die Tour auf dem Rücksitz des Mopeds führt mich zur nächsten Stätte, dem Dangbé-Pythontempel. Ouidah gilt als Hochburg des Voodoo. Dass die Python als Totem innerhalb des Voodoo verehrt wird, ist eine lokale Besonderheit.

Leon Agbo, der Zuständige am Eingang des Tempels, nimmt das Eintrittsgeld entgegen. Gleich am Eingang bietet sich mir ein wenig erfreulicher Anblick:

Ein aufgehängtes und vollgespritztes, weißes Laken. Eine Ziege war geschlachtet, ihr Blut mit Palmöl vermischt und das Ganze dann auf das Laken gespuckt worden. Den Sinn dahinter habe ich verdrängt. Leon Agbo, ein Verehrer der Python, hat die Aufgabe, sich um den Tempel zu kümmern und die Touristen zu empfangen. An der Anzahl seiner Narben im Gesicht sei zu erkennen, dass er ein Anhänger des Python-Kultes ist, erklärt Faustin. Agbo zeigt mir den Schrein. Innen, so erklärt er, stehe ein geheimer Stein, der den Geist des Voodoo repräsentiert. Hier könnten die Gläubigen Fragen zu ihren Alltagsproblemem stellen, zu ihren Kindern, zu Hochzeiten.

Eine sehr kleine, runde Hütte ist den Gläubigen vorbehalten, eine zweite dem Priester. Das Zentrum ist natürlich das Haus, in dem die Pythons wohnen. „Willst Du eine umhaben?" fragt mich Faustin, während er mir bereits eine um den Hals wirft. Pythons riechen mit der Zunge. Da diese gespalten ist, sind sie in der Lage, aus verschiedenen Richtungen Gerüche aufzunehmen. Was sich also so anfühlt, als lecke sie mich ab, ist wohl ein Geruchstest. Und der dauert ziemlich lange, denn meine Python hört gar nicht mehr damit auf. „Sie werden hier auch nicht gefüttert. Sie suchen sich ihr Futter selbst. Manchmal kriechen sie in die Stadt, und irgendjemand, der sie findet, bringt sie wieder zurück." Und so lasse ich mich mit der Schlange um den Hals ablichten. Angeblich sehe ich auf dem Foto nicht entspannt aus, bekomme ich hinterher zu hören. Aber das ist natürlich ein ganz falscher Eindruck.

Faustin und ich fahren zurück zum Museum. Wider besseres Wissen lasse ich mich überzeugen, die Tour, die einen Besuch bei einem Voodo-Fest am Abend beinhaltet, gleich zu bezahlen. Schon während ich den viel zu hohen Betrag überreiche, weiß ich, dass das ein Fehler war. Faustin bringt mich zum Hotel. Abends wolle er mich abholen, sagt er, und mich zu der Zeremonie bringen. Während ich mir mit Schlafen, Duschen und Essen die Zeit vertreibe, ahne ich bereits, dass Faustin nicht auftauchen wird. So ist es dann auch. Er taucht tatsächlich nicht auf. Ziemlich empört mache ich mich auf den Weg zum Museum, um Serge zur Rede zu stellen. Schließlich hatte ich all meinen Mut zusammengenommen und war ganz alleine nach Benin gereist, auch, um mehr über Voodoo zu erfahren. Und er hatte mir Faustin vermittelt. Genaugenommen werde ich ein wenig hysterisch, wie ich im Nachhinein reflektiere. Ob meiner sehr aufgebrachten Gemütsverfassung nimmt er via Handy Kontakt zu seinem Freund auf. Ich nötige Serge, mich zu dem Ort des Geschehens zu fahren und mit mir zusammen auf Faustin zu warten. „Aber ich habe mein eigenes Programm!" wehrt er sich – erfolglos. Nach einer Weile taucht Faustin endlich auf. Er sei in Cotonou gewesen, da seine Mutter im Krankenhaus liege. Wofür all diese Mütter und anderen Verwandten immer herhalten müssen, wie oft sind sie schon gestorben, waren im Krankenhaus oder ist ihnen sonstiges Übel widerfahren – kurz gesagt: Ich glaube ihm nicht. Aber das spielt jetzt keine Rolle mehr - nun bin ich hier. Und lasse mich überraschen.

Wer die Geister ruft

Mir ist zunächst nicht ganz klar, wohin Faustin mich bringt. „Es handelt sich um eine Yoruba-Familie aus Nigeria, die die Zeremonie veranstaltet", erklärt Faustin, selbst Nigerianer. „Sie rufen die Geister der Toten." Jede Woche finde dieses Spektakel statt, es sei immer eine andere Familie, welche die Geister beschwört. Wir befinden uns in einem Stadtteil von Ouidah; es geht tumultartig zu. „Besser nicht fotografieren", sagt er zu mir. Ich habe keine Ahnung, was mich erwartet, als er mich durch den Menschenauflauf zu einer Bank begleitet. Eigentlich hatte ich mich innerlich auf eine Art Markt vorbereitet. Er weist mir einen Platz zu und verschwindet. Hinter mir sitzen drei Franzosen, die sich allerdings bald von ihrer Bank erheben und ebenfalls gehen. Nun bin ich die einzige Weiße.

Die Zuschauer bilden eine Arena. In dieser Arena befinden sich Tänzer. Die Tänzer sind bei diesem Ritual von Geistern besessen und stehen in Kontakt zu ihnen. Einer von ihnen geht an den Zuschauern entlang und beantwortet Fragen. Es sind „Egungun", Vermittler zwischen den Ahnen und den Lebenden. Sie überbringen den Lebenden Nachrichten, sorgen im Jetzt und Hier für Ordnung. Die Masken der Tänzer sind vorwiegend rot und mit Pailletten und Kaurimuscheln verziert, die auf die Kopfbedeckung aufgenäht wurden. Die breiten Lederbänder, die am Hinterkopf herunterbaumeln, verwandeln sich in Peitschen, wenn der Tänzer Anlauf nimmt, seinen Kopf nach hinten schwingt und mit voller Wucht die Lederstränge auf die erste Zuschauerreihe niederprasseln lässt. Die Geschlagenen versuchen, ihr Gesicht mit den Händen zu schützen, andere lachen schadenfroh, alle sind vollkommen aufgelöst. Vom Körper ist nichts zu sehen, kein Gesicht, keine Hände.

Sie drehen sich wie Derwische, machen Saltos und gehen auf seltsame Art und Weise – die Trommler folgen stets auf Schritt und Tritt, bis einer der Tänzer – sie wechseln sich immer ab - ganz unvermittelt in die stehende Zuschauermenge rennt und mit aggressivem Gebaren Angst und Panik verbreitet. Die Menschen stieben auseinander und ergreifen die Flucht. Neben mir sitzt ein junger Mann mit aufgerissenen Augen. Ich bin mir nicht so ganz sicher, ob ich überhaupt filmen und fotografieren soll, aber er hilft mir. Nach welchen Kriterien er die jeweilige Situation einschätzt, weiß ich nicht, aber ich vertraue ihm. Er sagt mir, wann ich darf und wann nicht, denn ich will keine Schläge abbekommen; das stelle ich mir recht schmerzhaft vor. Ich glaube zwar nicht, dass ich zu einem ihrer Opfer werden würde, aber darauf ankommen lassen möchte ich es nicht, so ganz geheuer ist mir die Situation ohnehin nicht. Ich hatte mich ja mental überhaupt nicht auf so eine Zeremonie vorbereitet. Keine Provokation also. Und so entstehen dann doch ein paar für mich besondere Aufnahmen.

Das Trommeln dröhnt in den Ohren, die Menge rastet aus. Mittendrin wird plötzlich ein Mann gejagt und verhauen. Ein Tänzer kommt zu mir und streckt mir seine behandschuhte Hand entgegen: Er will Geld. Kein Problem, ich wiederum will keinen Ärger. Da habe ich wohl doch zu viel fotografiert. Ein anderer beugt sich zu einem Mann in der ersten Reihe hinunter, der ihm etwas zuflüstert. Vielleicht hat er eine Frage zu einem verstorbenen Verwandten. Dem Tänzer folgt stets ein Mann mit Stock, der ihn in Schach hält. Auf meine naive Frage, wer denn unter dem Kostüm steckt, reagiert der Junge neben mir schon fast verärgert: „Da ist niemand drunter. Das ist ein Geist!" Nun steckt da schon ein Mensch darunter, aber eben einer, der von einem Toten gelenkt wird. Mein Nachbar ist sichtlich aufgeregt.

Irgendwann bricht wieder Panik in der Menge aus, weil ein weiterer Tänzer nach einer längeren Tanzeinlage erneut um sich schlägt und ich bin auch nicht wirklich entspannt, als mein neuer

Beschützer neben mir mit aufgerissenen Augen meinen Arm packt und mir versichert, dass es Zeit für mich sei, den Ort zu verlassen. „C'est dangereux" sagt er, er hat Angst. Ich glaube ihm lieber. Menschengruppen in Panik, dazu noch religiös motiviert, sind eher schlecht einschätzbar und in Bezug auf dieses mysteriöse Ritual für mich erst recht.

Der Junge scheint sich für mich verantwortlich zu fühlen (im Gegensatz zu Faustin, der sich verdrückt hat), nimmt meine Hand, sieht unsicher um sich und zieht mich aus der Menge auf die Straße. Er scheint sehr erleichtert, ich auch. Wir treffen auf Faustin. Später, so erklärt der, sei es wirklich gefährlich, denn dann schlügen die Tänzer jeden, der ihnen in die Quere komme.

Bis in die Nacht höre ich noch die Trommeln, während ich auf dem Bett liege und mich frage, warum sie so brutal sein müssen. Darauf habe ich keine Antwort erhalten. Und obwohl Christ und nicht Voodoo-Anhänger, antwortet mir Faustin auf die Frage, wer sich unter der Verkleidung verstecke, dass ich das hier nicht fragen könne, denn nach dem Glauben der Voodoo-Anhänger handle es sich nicht um Menschen. Tatsächlich lerne ich später, dass nichteingeweihte Menschen nicht wissen dürfen, wer sich unter der Tracht verbirgt. Das panische Verhalten unter den Zuschauern erklärt sich damit, dass die Berührung mit den Besessenen zum Tode führen soll.[14] Aus diesem Grund flüchten alle Anwesenden vor ihnen, was den Egungun wiederum so sehr erzürnt, dass er um sich schlägt.

Zurück in meinem Hotelzimmer bereue ich, kein Moskitonetz mitgenommen zu haben. Bisher sind mir wegen des Harmattans nämlich keine Mücken untergekommen. Das war nicht besonders schlau von mir, denn erstens ist hier die Malaria Tropica heimisch, die gefährlichste Malariaart, zweitens schützt ein Moskitonetz auch vor anderen Kleintieren, als da wären Ratten (mit denen ich bereits in anderen Ländern mein Zimmer geteilt habe), Kakerlaken (mit denen man in tropischen Ländern meis-

[14] Vgl. Woehrl, Ann-Christine/Salm-Reifferscheidt, Laura (2011): Voodoo, München, F.A. Herbig Verlagsbuchhandlung, S. 66

tens sein Zimmer teilt, ob man sie sieht oder nicht), oder wenn man Pech hat, Schlangen, Spinnen, Käfer oder, wie an diesem Abend, fliegenden Ameisen. Die haben sich heute alle auf meinem weißen Bettlaken versammelt. Bei genauerer Betrachtung sehen sie mitleiderregend aus, finde ich. Gequält irgendwie. So flink Ameisen sonst sind, hier, mit ihren Flügeln wirken sie so, als hätten sie eine schwere Last zu tragen.

Ich halte mein Mitleid jedoch in Zaum und fege sie von meinem Bett. Die Lampe, die der Mitarbeiter des Hotels mir für den Fall eines Stromausfalls gegeben hat, dient als Locklicht. Nach kurzer Zeit ist sie das begehrte Ziel aller Insekten, die sich im Zimmer befinden, und ich habe meine Ruhe.

Nur die handtellergroße Spinne im Bad bewegt sich keinen Zentimeter und darüber bin ich wirklich froh. Ich finde Spinnen nämlich weder faszinierend noch interessant und erst recht nicht, wenn sie in Bewegung sind. „Faszinierend" ist in Bezug auf Spinnen meiner Meinung nach sowieso nur ein Synonym für „Ekel", das manch einer gerne gebraucht, um das Gefühl des Abscheus in ein mutigeres Wort zu fassen. Aber das ist natürlich reine Spekulation.

Wegen dieser Spinne kann ich aber auch leider nicht duschen. Das verschiebe ich auf den nächsten Morgen, vor meinem Besuch im „Maison du Brésil", wenn sie sich hinter der Klospülung versteckt und ich einfach so tue, als bemerke ich das nicht.

Maison du Brésil

Bevor ich am nächsten Tag wieder abreise, besuche ich nach dem Frühstück das „Maison du Brésil". Ich erreiche es mit einem Zemidjan. In dem alten Kolonialgebäude sind unter anderem Bilder, Skulpturen und Texte verschiedener afrikanischer Künstler und Künstlerinnen zum Leben und zur Situation von Frauen in Afrika ausgestellt. Der Mann, der das Eintrittsgeld entgegennimmt, folgt mir von Raum zu Raum – ich bin die einzige Besucherin.

Gleich zu Beginn hängt eine Tafel mit einem Text des ugandischen Dichters Okot p'Bitek:

Woman of Africa
Woman who does everything
Covers the floor
With cow dung and black soil
Cooks, aya, baby tightly on the back
Washes dishes
Plants, weeds, harvests
Sells, builds
Shops,
You are a wagon, a lorry, a donkey
Woman of Africa
What don't you do?

Die Ausstellung beschäftigt sich mit der Rolle der Frau in polygamen Gesellschaften und zeigt, dass sie einen akzeptierten, sozialen Status allein über ihre Kinder oder genauer gesagt die Anzahl der Kinder erreicht. Kinderlose Frauen haben es dagegen schwer. Rituale und Traditionen engen die Freiheit von Frauen ein; die Familie und ihre Aufgaben als Ehefrau und Mutter sind der ganze Lebensinhalt.

Doch existieren in unterschiedlichen Kulturen unterschiedliche Traditionen, und so verkörpern Frauen in manchen Gemeinschaften aufgrund ihrer Gebärfähigkeit das Leben, treten als Vermittlerinnen auf, und ihnen werden heilende Fähigkeiten zugesprochen. In dieser Funktion gelten sie in schlechten Zeiten jedoch auch als Urheberinnen von Unglück und negativen Ereignissen.

Ich schaue mir Abbildungen einer Ndeup-Priesterin im Senegal an, die während eines Rituals eine andere Frau heilt.

Wofür Frauen alles verantwortlich sind – denke ich mir. Auf einem weiteren Schild wird erklärt, dass es den Frauen zukommt, Traditionen, Wissen und Werte zu erhalten und weiterzugeben, und sie als Brücke zwischen Vergangenheit und Zukunft gelten. Zudem vermitteln die Mütter den Töchtern das Wissen über Kunst und Kunsthandwerk. Eigenartig, dass auf dem „Ville Artisanal" in Lomé fast nur Männer Kunst herstellen und verkaufen.

Ein paar Meter weiter steht ein Christbaum der Ndebele aus Südafrika hinter Glas. Fotografien zeigen Verkäuferinnen auf einem äthiopischen Markt, auf einer weiteren sind Frauen abgebildet, die in Lesotho ökologischen landwirtschaftlichen Anbau erlernen. Ein Gemälde versinnbildlicht das zu Anfang erwähnte Gedicht: Die hier abgebildete Frau ist mit sechs Armen ausgestattet, auf dem Rücken trägt sie ein Haus, an der Brust ein Baby und in jeder Hand die Arbeitsmaterialien, die sie für die Hausarbeit benötigt. Auf dem dazugehörigen Schild wird erklärt, dass Frauen unterbezahlt sind und häufig gleichzeitig das Oberhaupt der Familie verkörpern, insbesondere dann, wenn die Ehemänner im Krieg umgekommen sind und die medizinische und materielle Verantwortung bei ihnen liegt.

Als ich am Ende meines Rundgangs mit neuen Eindrücken aus dem Museum trete, ist es heiß. Weit und breit ist kein Zemidjan in Sicht, und so mache ich mich zu Fuß auf den Weg in die Richtung, von der ich meine, dass sie die richtige ist. Über die staubige Straße laufe ich an spielenden Kindern und einer Moschee vorbei. Ich werde neugierig beäugt. Kurz vor dem Historischen Museum finde ich ein Moped-Taxi, das mich zurück zum Hotel bringt. Ich packe meine wenigen Sachen zusammen, dann befördert mich ein weiterer Zemidjan-Fahrer zum nächsten Taxistand. Mit einem Sammeltaxi geht es zurück zur Grenze und von dort nach Lomé. Mein Fazit des Wochenendes: Der Ausflug war eine Bereicherung. Ich habe viel Neues gesehen und dazugelernt.

AUF DEM KAI

Zurück auf der „Africa Mercy" fröne ich wieder den schiffseigenen Annehmlichkeiten. Überall herrscht dank der Klimaanlage eine angenehme Temperatur, es gibt Kaffee, keine Insekten, dafür kulinarischen Luxus.

Wer zwischendurch genug von dem Schiff und seinen Bewohnern hat – was durchaus einmal vorkommt - kann allerdings kaum vor ihnen fliehen, denn sie sind überall, die „Mercy Shipler". In den Restaurants, auf dem Markt und auf dem Kai, dem nächsten Ort außerhalb der „Africa Mercy". Hier stehen die Nikotinabhängigen an einer heruntergekommenen Wand gegenüber dem Schiff, auf dem Rauchen verboten ist. Ich stelle mich zu den Rauchern und beobachte die sportlichen Mitarbeiter, die nach der Arbeit neben dem Schiff hin- und herjoggen. Gemütlich ist es hier nicht, ich muss ständig auf den Boden schauen, denn die vielen Kakerlaken, die sich im Hafen tummeln, sind nicht gerade schüchtern. Hinzu kommen Ratten, die an der Wand oder am Holzbalken, auf dem man sitzen kann, entlangrennen.

Ich komme mit Anatoliy ins Gespräch. Er sitzt hier häufig. Anatoliy ist Schiffsmechaniker und verbringt in der Open-Air Raucherlounge gerne seine Pause. Ihm zuzuhören ist anstrengend, denn erstens ist sein Englisch brachial und damit schwer zu verstehen und zweitens ist er ein großer Angeber.

Es sei nicht mehr lange bis zur Rente, erzählt er mir. Er habe eine Frau und ein Haus in Odessa am Schwarzen Meer. Da sie aber nun leider nicht da sei, müsse er auf die Prostituierten in Lomé zurückgreifen, und zwar immer dann, wenn er am Wochenende frei hat. Sein Kollege, ebenfalls aus der Ukraine, ist genervt von ihm. „Der erzählt von Fischen, die er angeblich gefangen hat, die sind so groß, so große Fische gibt es gar nicht. Ich angle auch und kenne mich da aus!" Nicht nur das. Sein Vater, so erzählt

Anatoliy mir weiter, sei ein berühmter Mafioso gewesen, der erschossen wurde. Und Massagen habe er manch einer Frau auf dem Schiff gegeben, da könne man nur von träumen. Da habe sich die eine oder andere doch vor Begeisterung gerne zu einem Liebesakt hinreißen lassen. Ein kleiner Münchhausen, stelle ich fest. Die Prostituierten, zu denen er geht, bezahlten ihn auch, versucht Anatoliy mich zu überzeugen. Ich teile ihm mit, dass ich das bezweifle, worauf er seine Geschichte relativiert und stattdessen behauptet, dass sie ihn zwar nicht bezahlten, ihm ihre Dienste aber umsonst anböten. Irgendwann fange ich an, ihm aus dem Weg zu gehen, so angenehm sind seine Geschichten schließlich nicht, und ich bin zu höflich, um ihn einfach zu unterbrechen.

DER FETISCHMARKT

Ein Ort, an dem es dagegen eher unwahrscheinlich ist, einem Mitarbeiter des Hospitalschiffs zu begegnen, ist der Fetischmarkt, vor dem ich schon von Susan Parker gewarnt wurde. Ich habe nicht mehr viele Möglichkeiten, den Markt zu besuchen, da meine Zeit auf dem Schiff abläuft. Und so beschließen Jenneke und ich, einen Ausflug dorthin zu unternehmen.

Am Eingang des Fetischmarktes werden wir von einem Guide in Empfang genommen. Unser beider Verhältnis erweist sich von vornherein als angespannt. Er lässt kaum mit sich handeln. „Wenn ihr den Eintrittspreis nicht zahlen wollt, dann könnt ihr gleich wieder gehen", empfängt er uns, noch bevor wir einen Satz herausbringen. Also gut. Wenigstens beim Fotografieren lässt er sich auf einen Kompromiss ein, der da heißt, weniger zahlen, dafür darf nur eine Person fotografieren. Ich entscheide mich für mich. Jenneke findet das in Ordnung. „Dafür kannst Du zehntausend Bilder machen, so viele du willst." Der Guide schleudert bei seinem Angebot die Hand in die Luft.

Der Markt, das sieht man sogleich, ist nichts für Tierfreunde. Allein der Geruch ist etwas streng. Kein Wunder, bei der Menge an aufgespießten Geiern, getrockneten Hyänen-, Affen- und Pferdeköpfen, Eulen, toten Ziegen und Kugelfischen, Elefanten- und Hyänenfüßen, leblosen Krokodilen, Leoparden- und Gepardenfellen. Viele geschützte Tierarten sind dabei. All diese Tierteile liegen zum Verkauf auf Tischen oder auf dem Boden. Sie wurden aus verschiedenen westafrikanischen Ländern zusammengetragen; eine Reihe von ihnen dürfte eigentlich nicht mehr gejagt werden.

Einige Tierteile werden zerrieben und über einem Feuer zu Pulver verarbeitet, erklärt unser Guide. Je nachdem, was man für eine körperliche Beschwerde hat, müsse man dann beispielsweise eine

Woche lang jeden Tag ein Bad nehmen. „Ein zerriebenes Stachelschwein zusammen mit Honig hilft zum Beispiel gegen Asthma." Voodoopuppen liegen auch aus. „Die sind aber für Touristen."

Der Markt, erläutert er weiter, ist in den Händen von Beninern. Das ist nicht verwunderlich, wo doch Benin als Ursprung des Voodoo gilt.

Als nächstes werden wir zum Stand Nummer 38 geführt, dessen Inhaber auch im Besitz einer Visitenkarte ist: Tchoumado T. Firmin. Der ist aber nicht da, deswegen übernimmt sein Sohn. „Weiße Magie" – und darum geht es hier – „ist für jedermann", erklärt unser Guide.

Jenneke und ich müssen beide unsere Namen sagen. Der Sohn des Inhabers schüttelt eine Glocke und spricht etwas in eine Figur. Wir hören unsere Namen und werden so willkommen geheißen.

Dann zeigt er uns mehrere Fetische der weißen Magie.

Ein kleines Figürchen aus einer Art Schlauch, das vielleicht so groß ist wie mein kleiner Finger - oder sogar kleiner - besitzt die Macht, sich selbst oder jemand anderen auf Reisen zu beschützen. Gilt mir selbst der Wunsch nach einer guten Reise, flüstere ich ihn in die Figur hinein. Dann stecke ich den Schlauch in den Mund der Figur und das Figürchen in die Tasche. Komme ich von der Reise zurück, nehme ich den kleinen Schlauch wieder heraus. Gilt mein Ansinnen nach einer guten Reise einer anderen Person, flüstert man ihn dreimal in die Figur hinein.

Ein weiterer Fetisch sieht aus wie eine platte Kastanie, ist aber aus Ebenholz und hilfreich bei Schlafproblemen. Dazu werden drei Tropfen Wasser verrieben und an der Stirn aufgetragen, als würde man sich bekreuzigen. Dann legt man den Gegenstand unter das Kopfkissen.

Die Kaurimuschelkette, so erklären uns die beiden, gilt generell als Glücksbringer.

Dann gibt es noch „Legba", dem wir ja schon in Togoville

begegnet sind. Hier ist Legba eine kleine, dickliche Figur. Man stecke eine kleine Zigarette in das vorhandene Loch und tropfe drei Tropfen Wasser hinein. Vollzieht man dieses Ritual einmal im Jahr, erblindet ein potentieller Einbrecher.

Ich will eines dieser Objekte kaufen, aber da kommt mir unser Guide in die Quere. Wie nicht anders zu erwarten, stelle ich anscheinend zu viele Fragen. Und mache mir auch noch Notizen. „Wenn du die Erklärungen zu den Fetischen aufschreiben willst, musst du zahlen", verkündet er. Nein, das will ich nicht, ich muss nämlich etwas sparen. Ich hätte tatsächlich einen Fetisch gekauft, würge ich ihm am Ende noch rein, aber so nicht! Das passt ihm nun wieder nicht, aber jetzt ist es zu spät, wir stehen wieder draußen auf dem Platz und machen noch einmal – diesmal alleine, ohne ihn -- einen Rundgang, vorbei an den von den Pferdekörpern abgetrennten Pferdeschwänzen, den Kugelfischen und Fröschen, den Fledermäusen, Vipern und Schildkröten. Ein Junge zeigt stolz unter einen der ausladenden Verkaufsstände. Dort ist ein Geier an ein Seil gebunden. Er lebt. Wenn ein Vogel seine Augen vor Angst noch weiter aufreißen kann, als es bei Vögeln ohnehin schon aussieht, dann dieser Geier. Ich zeige mich ganz europäisch-unreligiös wenig begeistert und werde dafür wider Erwarten noch nicht einmal ausgelacht. Ich teile dem Jungen mit, dass der Geier Angst hat. Der Junge schaut mich ernst und verwundert an. Er zeigt mir noch eine tote Schlange, die er auf dem Arm hält. Die hat wenigstens schon alles hinter sich, denke ich mir.

Wir verlassen den Fetischmarkt und schlendern durch aufgeräumte Straßen. Der Markt war interessant, wenn auch nicht gerade stimmungsaufhellend. Man kann insbesondere an den Schädeln der Affen noch die Todesangst der Tiere erkennen, die sie kurz vor ihrem Tod gehabt haben müssen. Mit aufgerissenen Mäulern und Augen liegen sie in Reih und Glied nebeneinander. An einem Kiosk machen wir eine Pause und gönnen uns ein

Getränk. Nicht weit von hier ist das Hope Center. Dort kommen Patienten unter, die von weiter weg anreisen und noch zur Nachsorge auf die „Africa Mercy" müssen. Wir nutzen die Gelegenheit, das Zentrum zu besuchen.

REGINA

Die Stimmung im Zentrum ist sehr angenehm, das merken wir auf Anhieb. Die Dayworker, die Ortskräfte, stemmen hier im Hope Center das Freizeitprogramm und haben offensichtlich eine Menge Freude daran. Bei unserer Ankunft versucht gerade eine Frau während eines Spiels, mit verbundenen Augen und einer Schere, einen Gegenstand von einer Schnur abzuschneiden. Unter den Zuschauern fällt mir ein Mädchen auf, dessen Gesicht besonders verschoben ist. Das linke Auge sitzt zu weit oben. Ich spreche sie an und stelle überrascht fest, dass von Leid keine Rede sein kann. Wer sich ältere Bilder von Regina anschaut, weiß warum: Nach vier großen und diversen kleinen Operationen sind ihre Gesichtshälften zwar nicht symmetrisch, doch auch nicht annähernd so schief wie noch vor wenigen Monaten. Hier auf dem Schiff wurde ihr nun das Auge entfernt. „Das hat alles bereits zwei Wochen nach meiner Geburt angefangen", erzählt die 14-Jährige geradezu fröhlich. Regina scheint hier gut versorgt zu sein, nicht nur von den Mercy Ships – Mitarbeitern, sondern auch von ihrer Tante Vida. Die hat ihr eigenes Baby bei Reginas Mutter in Ghana zurückgelassen, um sich um ihre Nichte zu kümmern. „Immer, wenn wir zu einer Untersuchung irgendwohin fahren, will Regina, dass ich mitkomme", sagt Vida. Das ganze Auge ist vollkommen vernarbt. „Sie haben es so häufig geöffnet, dass sie irgendwann durch den Mund operieren mussten."

Beide sind mir gegenüber aufgeschlossen. Sie habe schon einige Operationen hinter sich, erzählt Regina. Der Umstand, dass sie überhaupt operiert wurde, sei dem glücklichen Zufall zu verdanken, Kristie begegnet zu sein, der Stationsschwester auf der „Africa Mercy", fügt Vida hinzu. Regina und Kristie seien sich in einem Krankenhaus in Accra begegnet. Kristie informierte das Mädchen über das sogenannte Screening. Das Screening findet jeweils zu Beginn des Aufenthaltes des Schiffs in einem neuen Land statt. Als ich in Lomé dabei war, waren es Tausende Menschen, die vor den Toren des Stadions stundenlang in brütender Hitze warteten, um am Eingang gecheckt zu werden. Zum Teil waren sie von weit hergereist. An dieser Stelle wird nach kurzer Überprüfung entschieden: Ja oder nein. Ein Fall für Mercy Ships oder zurück ins alte Leben, ins alte Leid. Jeder Mitarbeiter von Mercy Ships, der sich an dem Screening beteiligen will, bekommt Aufgaben übertragen, auch die Nichtmediziner. In der Regel brachten wir die Patienten von einer Untersuchungsstation zur nächsten. Jenneke erzählte, dass sie eine Zeitlang am Eingang bei der ersten Überprüfung aushalf und die Patienten entweder zum Ausgang begleitete, wenn diese abgelehnt wurden, oder zur weiterführenden Station. Schlimm sei es besonders dann gewesen, so erzählte sie, wenn Frauen abgelehnt werden mussten, die an den sogenannten veskovaginalen Fisteln litten und den ganzen Tag in der Hitze angestanden hatten, jedoch keinen Termin mehr bekamen, weil keine Plätze mehr frei waren. Diese Frauen leiden aufgrund ihrer Erkrankung an lebenslanger Inkontinenz und werden deshalb in der Regel von der Gesellschaft verstoßen. Nach meiner Reise durch Benin, wenn ich noch einmal das Schiff besuchen werde, soll ich die Gelegenheit bekommen, einer der Zeremonien beizuwohnen, bei denen operierte Frauen entlassen werden und ihre Geschichte erzählen.

Ich war bei dem Screening ebenfalls anwesend und dankbar, dabei sein zu dürfen. Allerdings hatte ich das Gefühl, nicht viel helfen zu können. Ich empfand die Hitze an dem Tag als unerträglich und konnte mich nicht mehr wach halten. Im Pausenraum schlief ich - zur Belustigung der Kollegen - auf einem Stuhl ein, und zwar tief und fest. Danach gab ich auf und fuhr zurück zur „Africa Mercy".

Regina wurde akzeptiert, doch für die Ärzte von Mercy Ships war die Operation zu kompliziert. Das war 2006. Man teilte ihr aber auch mit, dass ihr Gehirn angegriffen würde, sollte sie sich nicht einer Behandlung unterziehen. Kristie fand in England einen Arzt, der die Operation kostenlos durchführte. Die anfallenden Kosten für das Krankenhaus von 20.000 Pfund sammelte Kristie über Spenden, auch Reginas Familie sammelte.

Doch ihr Auge hörte nicht auf zu bluten, weshalb die Behandlungen fortgeführt werden mussten. Aus diesem Grund ist sie jetzt in Togo.

„Ich bin die Einzige, die ihr Auge reinigt", erzählt Vida. „Manchmal macht das auch ihre Mutter, aber dann muss sie immer weinen."

Jenneke und ich bleiben noch eine Weile, bevor wir mit dem Taxi wieder zurück zum Schiff fahren. Wir schauen uns die Räumlichkeiten an und beobachten die Patienten bei den Spielen. Der Besuch im Hope Center war deutlich erfreulicher als der auf dem Fetischmarkt, den ich jedoch nicht missen möchte, da er mich der Welt des Voodoo ein wenig näherbrachte, soweit das für Außenstehende wie mich möglich ist.

DIE LETZTEN TAGE

Nun brechen meine letzten Tage auf der „Africa Mercy" an. Neue Mitarbeiter sind gekommen, andere gegangen. Ein letztes Mal backe ich Waffeln, eine Aufgabe, die ich nicht vermissen werde, alleine deswegen, weil der Teig gerne mal im Waffeleisen hängen bleibt und gleichzeitig Dutzende Augenpaare meinen Rücken durchbohren in der Erwartung, schleunigst das Gebäck überreicht zu bekommen und mit Zutaten wie Schokostreuseln oder Schlagsahne verschlingen zu können. Paul ertrage ich im Wissen, dass ich ihn bald nie wieder sehen muss, das gleiche gilt für Brontë und Michelle. Ich hatte ein wenig Pech mit meinem Team, aber es gibt Schlimmeres. Dafür durfte ich andere tolle Leute kennenlernen.

Zwischendurch wechselten die Mitbewohnerinnen im Bett über mir, unter anderem war da Autumn, die mir erzählte, dass sie Country-Musik liebt, aber keine mehr hört, „weil es da nur um Sex und Drogen geht." Ob es denn nicht Country-Lieder gibt, die sich mit anderen Themen beschäftigen, frage ich sie. „Ja doch, aber ich möchte das trotzdem nicht. Es fällt mir echt schwer, aber ich höre nur noch religiöse Musik." Oft habe ich sie auf dem Schiff gehört, religiöse Rockmusik, zum Beispiel im Ship Shop, in dem eine Anlage steht. Die einzige Musik, die Autumn sich anhört.

Ein letztes Mal gebe ich Cappuccini und Eis aus, verkaufe Schokolade, Klopapier und Chips.

In der Zwischenzeit wurde Sophia auch ihre Mangofliege entfernt. Im Gegensatz zu ihr schienen die Kollegen im Labor ganz entzückt ob dieser Larve zu sein. „Das war ein besonderer Tag, wir haben uns den Wurm alle angeschaut!"

Und wir drei, Lijsje, Sophia und ich, bereiten uns auf unsere Reise durch Togo und Benin vor.

Es war eine ereignisreiche Zeit auf dem Schiff. Zum Abschied gehen wir mit einigen Leuten in eine Bar an den Strand. Hier sitzen außer uns nur Einheimische, die Musik dröhnt laut aus den Boxen. Verkäufer versuchen uns Zigaretten anzudrehen, zwei Musiker geben ihr Bestes, Bob Marley zu imitieren, und ich finde, sie machen das gut. Es ist ein schöner letzter Abend und ich freue mich auf die Reise durch Togo und Benin.

UNTERWEGS IN DEN NORDEN

Die Fahrt zum Parc National de Fazao-Malfakassa

Es ist soweit. Die Reise in den Norden Togos und nach Benin kann beginnen. Da wir Orte im Süden des Landes wie Kpalimé oder Togoville bereits bereist haben, kann es direkt weiter in den Norden gehen.

Togo ist klein. Genauer gesagt ist Togo 550 Kilometer lang und an der schmalsten Stelle etwa 70 Kilometer breit. Ursprünglich wollte ich alleine das Land erkunden, aber nachdem ich Sophia, Jenneke und Lijsje davon erzählt hatte, zeigten auch sie Interesse. Letztendlich sind wir zu dritt, denn Jenneke entschied sich, doch nicht mitzufahren, sondern zurück nach Holland zu fliegen. Geld haben wir alle nicht viel, doch Lijsje pflegt aufgrund ihrer Arbeit als Krankenschwester auf der Station beste Kontakte zu den Day-workern. So planten wir vor Reiseantritt, uns privat ein Auto zu mieten, womit sich die Aufgabenverteilung ergab: Sie kümmerte sich um das Auto, Sophia verhandelte den Preis dafür und ich arbeitete die Reiseroute aus.

Es bedurfte zunächst mehrerer Versuche, jemanden zu finden, der uns sein Auto zu Konditionen zur Verfügung stellen würde, mit denen beide Seiten zufrieden waren. Sophia feilschte gut und Ernest half uns bei der Einschätzung des Preises. Doch so einfach gestaltete sich die Angelegenheit nicht: Dem einen war unser Angebot zu niedrig, der andere hatte gar kein Auto und beim Dritten klappte es aus irgendwelchen Gründen auch nicht.

Und so wissen wir am Montagmorgen, dem Tag unserer Abreise nicht, ob der Mensch, der uns nicht nur sein Auto vermieten will, sondern auch sich selbst als Fahrer, tatsächlich am dem Kai stehen wird. Er war unsere letzte Hoffnung. Ich glaube kaum mehr daran und mache mich auf eine anstrengende, zum Teil umständliche, heiße und lange Busfahrt mit schwerem

Gepäck gefasst. Seit Wochen steht die Idee mit dem Wagen im Raum. So wäre die Reise weniger beschwerlich und vor allem wären wir unterwegs viel flexibler. Als wir die Gangway zum Kai hinunter laufen, erfahren wir, dass Mawuli auf uns wartet. Was für eine Freude. Da steht er neben seinem Fiat Ulysse.

Wir freuen uns ungemein. Es kann also losgehen. Erleichtert werfe ich meinen Rucksack auf den Rücksitz – wir haben ja genug Platz in dem 8-Sitzer. Wir verabschieden uns von Jenneke und Ernest. Unsere erste Station ist die Tankstelle. Die zweite der Straßenrand, denn wir haben eine Panne, weswegen ein Freund Mawulis herbeieilt, um sie zu beheben. Noch haben wir nicht einmal den Stadtrand erreicht.

Die Reiseroute sieht folgendermaßen aus: Unser erstes Ziel ist der Parc National de Fazao-Malfakassa in der Mitte des Landes. Danach geht es ins Tamberma-Land, welches zum UNESCO-Weltkulturerbe gehört. Von dort werden wir von Kandé Richtung Natitingou die Grenze nach Benin überqueren, um weiter im Norden im Pendjari National Park Tiere zu beobachten. Unsere Weiterreise wird uns zurück in den Süden führen, nach Abomey, der Wiege des Voodoo, dem Sitz der früheren Könige von Dahomey. Ganz unten im Süden besuchen wir die Pfahlbauten von Ganvié und werfen einen Blick nach Cononou, um schlussendlich die letzten Tage in Grand Popo nichtstuend den Strand zu genießen.

Ich mache es mir auf dem Rücksitz gemütlich und spüre, wie ich innerlich entspanne, während wir die Urbanität in Richtung Natur verlassen. Noch vor Blitta mündet die Straße in einen staubigen, steinigen Weg. Die gepflasterte Straße, die sich daran anschließt, besteht aus vielen Schlaglöchern, aber mir scheint, Mawuli ist ein guter und bedachter Fahrer.

Er ist zunächst sehr zurückhaltend und redet nicht viel. Sein Geld verdiene er mit einem Internetcafé, erzählt er. Zudem habe er eine landwirtschaftliche Weiterbildung absolviert. Ansonsten hält er sich mit Persönlichem zunächst zurück.

Unmengen an Teakbäumen wachsen hier, vereinzelt stehen wuchtige Baobabs in der Landschaft, wir fahren an Baumwollpflanzen, Mangobäumen und an einer chinesischen Zuckerfabrik vorbei. Je weiter die Straße in den Norden führt, desto mehr Moscheen tauchen auf. Dörfer aus Lehmhütten und Frauen, die schwere Lasten auf ihren Köpfen schleppen, Ackerfelder, auf denen Yams und Maniok angebaut wird. Wir fahren in Richtung Fazao-Malfakassa Nationalpark.

Ankunft im Hotel

Wir wissen, dass das Hotel mit dem Namen „Parc Fazao" eigentlich geschlossen ist. Es liegt am Eingang zum Park. Dennoch erkundigen wir uns unterwegs telefonisch, ob es dort eine Übernachtungsmöglichkeit gibt. Und die gibt es tarsächlich. Wir biegen auf eine staubige Piste und erreichen nach einer Stunde das Hotel. Die Anlage muss einst sehr schön gewesen sein. Die Architektur ist ansprechend gestaltet, Brücken und Stufen führen zu den Gästezimmern, die in erdfarbenen Steinhäusern untergebracht sind. Zwischen den Gästehäusern und dem Pool steht ein prachtvoller Flammenbaum. Mit seinen roten Blüten und den länglichen, hölzernen Fruchthülsen sticht er ins Auge. „Morbider Charme" wäre in Bezug auf den Hotelkomplex allerdings ein wenig zu schmeichelhaft formuliert. Treffender ist es eher mit „Anzeichen deutlichen Verfalls" zu umschreiben: Auf der abgeblätterten Häuserfassade neben der Rezeption ist noch der Schriftzug „Franz-Weber-Fondation" zu entziffern, der Gründerin des Hotels. Zentrum der Anlage ist ein Swimmingpool. In dem Zimmer, das wir beziehen, gibt es keinen Strom und kein Wasser, keinen Ventilator und kein Moskitonetz. Der Bodensatz im Pool ist grün-schwarz und wird uns abgefüllt im Eimer überreicht, um damit die Toilette zu spülen. Das Wasser, mit dem wir uns waschen, entnehmen wir ebenfalls einem Eimer, aber es sieht etwas klarer aus, scheint also nicht aus dem Pool zu stammen.

Nachdem wir das Zimmer bezogen haben und mein Moskitonetz hängt, gehen wir in das Dorf Fazao, um unseren Hunger zu stillen. Auf dem Weg ins Dorf guckt Mawuli etwas betreten, und wir wissen auch nicht so recht, was wir von der Situation halten sollen, aber der Pulk, der uns begleitet, scheint sich zu freuen, dass mal wieder Gäste da sind. Wir betreten einen kleinen Laden, doch wir finden nichts, was wir ad hoc essen könnten. Die Häuser im Dorf sind zum Teil aus Stein gebaut, zum Teil aus Lehm mit Blech- oder Strohdächern. Bunte Wäsche hängt zwischen den Häusern, Ziegen kreuzen unsere Wege. Dann endlich kommen wir an einen Stand, an dem eine Muslimin Bohnen mit Maniok in Öl gebraten verkauft – ein Traum, den wir gleich verschlingen. Gleich gegenüber steht ein Häuschen, in dem die Maniok-Wurzel in einer Maschine zu Pulver verarbeitet wird. Jeder von uns darf ein Foto gratis schießen, für alle weiteren müssen wir zahlen. Wir werden zu einem riesigen Baobabbaum geführt, von dem aus wir einen guten Überblick über das Dorf und den Park haben. Vorbei an der Moschee spazieren wir zurück zum Hotel.

Inzwischen wird es dunkel. Nach einer „Dusche" gehen Mawuli, Lijsje und Sophia zurück ins Dorf, denn dort haben sie auf dem Rückweg eine Bar entdeckt. Ich bleibe lieber im Hotel, um den Grillen zu lauschen und Notizen in mein Tagebuch zu schreiben. Doch kurze Zeit später kommt Lijsje zurück, um mich zu holen: In der Bar war nichts los, Alkohol gibt es dort keinen. Fazao ist eine muslimische Dorfgemeinschaft. Gerade zwei Flaschen konnten sie irgendwo ergattern, eine für Mawuli und eine für mich, die anderen beiden genehmigen sich ein Youki. Und so setzen wir uns an einen Tisch in der Nähe des Pools. Wir sind glücklich. Die Schlichtheit der Unterkunft macht uns nichts aus, denn erstens ist der Preis für das Zimmer unschlagbar und zweitens gefällt es uns hier einfach: Es ist warm, das Zirpen der Zikaden entspannt mich und lässt mich tiefer in den Stuhl rutschen, ich fühle und rieche die Natur. Dann ertönt mit einem Mal ein solcher Krach, dass Mawuli, der mir gegenüber sitzt, aus dem Stuhl hochschreckt. Doch ich erinnere mich: Als ich 2008 für drei Wochen in dem privaten Wildreservat „Sanwild" in Südafrika mitarbeitete, wohnte ich in einem Bungalow. In manchen Nächten konnte ich nur dank meiner Ohrenstöpsel Schlaf finden, denn die vielen Frösche, die mein Häuschen umzingelten, machten einen ordentlichen Rabatz. Ich denke mir daher, dass es sich nur um Frösche handeln kann, die im Pool ein Zuhause gefunden hatten. Das Gequake ist deshalb so laut, weil es im Pool hallt. Und so ist es dann auch: Als ich mich im Halbdunkel dem Becken nähere, flüchten mehrere große - in diesem Falle Kröten - vor mir in die übrig gebliebene Pfütze des Pools.

Am nächsten Morgen frühstücken wir im ehemaligen Restaurant. Die Holzvertäfelung in der Ecke des Raumes ist dem Zerfall geweiht, in den Hohlräumen hausen mit Sicherheit ganz viele Insekten. Wir bleiben hier, solange es Frühstück gibt und treffen uns danach an der ehemaligen Rezeption mit dem Ranger und dem für das Hotel Verantwortlichen. Sophias standhaftes Verhandeln führt zu einer Einigung über den Preis, dann machen wir uns mit einem Jeep zu einer vierstündigen Fahrt durch den Park auf.

Das Reservat

Die Vegetation ist abwechslungsreich. Wir fahren durch viel Grün, Wälder und Savanne. Die Straße ist recht rudimentär und unwegsam. Doch es ist trocken, und der Geländewagen kann die während der Regenzeit mit Wasser gefüllten Mulden mit Leichtigkeit durchqueren. Der Ranger, der mit uns auf der Ladefläche sitzt, beklagt sich über das mangelnde Interesse der Regierung. 50 Wildhüter bezahle die Franz-Weber-Fondation um die Tiere vor Wilderern zu schützen, doch das genüge nicht. Die Regierung kümmere sich nicht um den Park, der Minister für Tourismus sei kein einziges Mal zu Besuch gekommen. Überhaupt sei die Regierung verrückt, korrupt und kümmere sich um nichts. Verglichen mit Togo sei das Nachbarland Benin viel weiter entwickelt. Mawuli stimmt zu, er hat dort vier Jahre gelebt und gearbeitet, wie er uns später noch erzählen wird.

Mit dem Park verbindet sich noch eine besondere Geschichte, nämlich die der Freundschaft zwischen Étienne Gnassingbé Eyadéma, dem Diktator Togos, der das Land zwischen 1967 und 2005 – mit kurzer Unterbrechung – regierte, und Franz Josef Strauß. Sein Nachfolger ist Faure Gnassingbé, sein Sohn. Étienne Gnassingbé Eyadéma und Franz Josef Strauß gründeten zusammen die Bayerisch-Togoische Gesellschaft. Trotz zahlreicher Menschenrechtsverletzungen, die dem Machthaber vorgeworfen wurden, erhielt er den Bayerischen Verdienstorden. Gnassingbé Eyadéma ließ sich ins Amt putschen, er ließ Oppositionelle inhaftieren, töten und foltern. Aber das machte Franz Josef Strauß nichts aus. Gemeinsam gingen der Präsident und Franz Josef Strauß jagen, hier im Parc National de Fazao-Malfakassa, den Gnassingbé Eyadéma, wie es ein Mitarbeiter der Deutschen Botschaft in Lomé auf einer späteren Station unserer Reise formulierte, anscheinend für seinen Privatbesitz hielt. In den 70er Jahren weitete Josef März, ein Freund des Bayerischen

Ministerpräsidenten, sein Fleischerei-Unternehmen auf Togo aus und gründete den „Marox Supermarché". Im Restaurant „Alt-München", das neben dem Seemannsheim liegt, wurden die Fleischprodukte dann seinerzeit wie heute Ausländern und der togolesischen Oberschicht aufgetischt. Da gibt es, was das deutsche Herz begehrt: Schweinshaxe, Weißwurst, Bier.

Franz Weber, mit dem ich nach meinem Aufenthalt in Togo telefonierte, erklärte mir, warum sich die Fondation zurückgezogen hat: „Wir konnten erst mal nichtweiter machen, wegen der politischen Veränderungen. Die allgemeine Lage in Togo war prekär, da mussten wir uns zurückziehen." Als Tierschützer hat er eine andere Sicht auf die Dinge. Er bezeichnet Étienne Gnassingbé Eyadéma als einen großen Tier- und Naturfreund. „In Bezug auf den Park war er tadellos. Es war so, dass er mich wegen des Parks angesprochen hatte. Wir waren Freunde. So konnte ich das Maximum für den Park herausholen." Nun müssten sie die Beziehungen mit der Regierung neu aufnehmen und die Arbeit vollkommen neu überdenken.

Tatsächlich sehen wir in den vier Stunden lediglich eine Antilopenherde und aus der Ferne Paviane. Laut unserem Guide leben hier Büffel, Löwen und Leoparden. Diese Wildtiere zu sehen ist ein reiner Glücksfall, denn viele von ihnen gibt es hier nicht mehr. Wie zum Beweis, dass in diesem Park auch Elefanten existieren, sehen wir auf der Piste Elefantendung. „Den essen schwangere Frauen, damit ihre Kinder stark werden", erklärt uns der Ranger.

Der Anteil der Afrika-Touristen, die nach Togo reisen, ist marginal. Dabei könnte dieser Park ein touristischer Anziehungspunkt sein, denn er ist landschaftlich sehr attraktiv. Man mag die beiden Länder kaum vergleichen wollen, gilt Südafrika doch als Schwellenland, also als Staat, der sich vom Entwicklungsland hin zum Industriestaat entwickelt. Dennoch kommt mir in den Sinn, dass während meines Südafrikaaufenthaltes mein Verhältnis gegenüber dem dort praktizierten Tierschutz zunächst ambivalent war. Ich hatte den Eindruck, jedes Tier sei von Menschenhand abgezählt. Der Hluhluwe-Umfolozi Park im Norden des Landes beispielsweise, welcher zu den ältesten Wildparks Afrikas gehört, hat sich durch die Zuchterfolge beim Südlichen Breitmaulnashorns - Nashörner sind die drittgrößten Landsäugetiere der Welt - einen Namen gemacht. Volker Homes, Leiter für Artenschutz beim WWF Deutschland, erklärte mir nach meinem Südafrikabesuch, dass das Südliche Breitmaulnashorn noch vor gut 50 Jahren vom Aussterben bedroht war. Mittlerweile lebt hier jedoch die größte Nashorn-Population der Welt. Durch den Park zu fahren, mutet wie ein Nashornzoo an.

Ohne Zuchtprogramme und Selektionsmaßnahmen wären schon einige Tierarten ausgestorben, andere hätten Überhand genommen. In Südafrika wird deutlich, wie touristische Interessen zu einer gnadenlosen Ausbeutung der Tier- und Pflanzenwelt führen. Die Wilderer kommen oft aus armen Verhältnissen und bestreiten ihr Einkommen mit dem Verkauf von Tieren oder Teilen von ihnen. Europäische und amerikanische Touristen reisen nach Afrika, um in privaten Parks auf die Jagd zu gehen. Das hat zur Folge, dass nichts mehr sich selbst überlassen werden kann. Und wie so vieles hat auch das zwei Seiten: Einerseits dient es dem Schutz des Wildbestandes und der Erhaltung bedrohter Tierarten, wie beispielsweise der Nashörner oder auch der Wildhunde, die ebenfalls als stark gefährdet gelten, andererseits bedeutet es eine Minderung der Ursprünglichkeit, die der Reisende sucht.

Und nun, da wir durch den Fazao Malfakassa National Park in Togo fahren, wird mir bewusst, wie bedeutend die Arbeit in Südafrika ist. Obgleich durch den Tourismus und die Gier nach Trophäen Tierarten gefährdet und ausgerottet werden, trägt er gleichzeitig dazu bei, dass Arten geschützt werden.

Wir erreichen eine überdachte Aussichtsplattform. Nach einer kleinen Pause fahren wir weiter zu einem felsigen Berg, den „Mont Kpeya", den wir eine Weile von unserer Ladefläche aus betrachten. Hier machen wir kehrt. Auf dem Weg zurück zum Hotel steigen wir zwischendurch aus, denn der Ranger möchte uns einen Termitenhügel zeigen. Er kratzt mit einem Stocke an ihm herum. Termitenhügel sind sehr hart gebaut und aus diesem Grunde schwer, zu zerstören. Millionen dieser Insekten leben in einem solchen Termitenstaat.

Zurück im Hotel, treffen wir auf eine kleine private Touristengruppe, die während unserer Abwesenheit mit dem PKW im Hotel angekommen ist. Müde und verschlafen lungern die Reisenden im Auto herum. Wenigstens kommen doch hin und wieder Gäste her, denke ich mir. Bevor wir weiter fahren genehmigen wir uns einen Kaffee, doch Mawuli drängt uns, denn es wird Mittag und wir haben noch eine längere Strecke vor uns.

FRAUEN SCHUFTEN

Zurück über die Piste fahren wir auf der N5 weiter in den Norden. Die Straße führt durch Aledjo in die Berge. Wieder sehen wir Frauen und Mädchen, die kilometerweit schwere Lasten auf ihren Köpfen schleppen. In den Dörfern verkaufen sie auf den Marktplätzen unter Strohdächern ihre Ware.

Es ist ein typischer Anblick, denn in Afrika und überhaupt weltweit sind es Frauen, die den Großteil der Arbeit leisten. Neben der Tatsache, dass Frauen in Entwicklungsländern oft in rechtlicher und medizinischer Hinsicht unterprivilegiert sind und einen schlechteren Zugang zu Bildung haben als Männer, erledigen Frauen gleichzeitig noch immer zwei Drittel der weltweiten Arbeit. Allerdings selten in Leitungspositionen, dafür meist unter schlechteren Bedingungen, also ohne Kündigungsschutz, mit langen Arbeitszeiten sowie schlechten gesundheitlichen Schutzvorkehrungen und für geringere Gehälter als Männer. Zwei Drittel der Armen weltweit sind Frauen. Dabei sind sie es, die das Überleben ihrer Familien sichern und auch in der Entwicklungspolitik als Multiplikatoren gelten, denn sie verrichten vor allem die unbezahlte Reproduktionsarbeit, also Haus- und Familienarbeit und kümmern sich darum, dass ihre Kinder zur Schule gehen und medizinisch versorgt werden.

Ein Tagesablauf einer afrikanischen Frau kann in etwa so aussehen: Um vier Uhr morgens steht sie auf und schleppt erst literweise Wasser und dann 40 Kilo Holz für die mehrköpfige Familie über Kilometer hinweg nach Hause. Das kann mehrere Stunden dauern. Danach bereitet sie das Frühstück vor. Nun steht der Mann auf. Nach dem Frühstück arbeitet sie auf dem Feld – oft mit einem kleinen Kind auf dem Rücken – und kocht zu Mittag. Während der Mann sich nach dem Mittagessen ausruht, spült sie ab und erledigt den Haushalt. Sie wäscht die Wäsche, arbeitet auf dem Feld oder im Garten, versorgt die Tiere, kocht das Abendessen. Während ihr Mann sich erneut ausruht oder vor der Hütte mit Nachbarn und Freunden ein Spiel spielt, kümmert sie sich um die Kinder, den Haushalt, flicht zum Beispiel Körbe oder verrichtet sonstige Handarbeiten. Sie ist die Erste, die aufsteht und die Letzte, die ins Bett geht. Männer dagegen stehen in der Regel später auf, arbeiten auf dem Feld, lassen sich von ihren Ehefrauen mit Essen versorgen, und ihnen bleibt – im Gegensatz zu Frauen – zwischendurch Zeit, sich auszuruhen, und abends ihre Freizeit zu genießen. Wie die World Health Organization (WHO) nicht ohne Grund feststellte, leiden viele Frauen in der sogenannten Dritten Welt an chronischer Erschöpfung.

Mit diesen Gedanken beobachte ich die Frauen, an denen wir vorbeifahren.

Unterwegs hält Mawuli an, um uns ein Feld mit Maniok- und Yamsanbau zu zeigen: Es sieht aus, als hätten Maulwürfe ihre Hügel in Reihen aufgehäuft. Einige Kilometer später begutachten wir am Straßenrand rote Palmölfrüchte. Sie sind ölig, wenn man sie zusammendrückt. In einer kleinen Ansiedlung steigen wir aus dem Auto, um einer Frau zuzuschauen, wie sie Maniokwurzeln mit einem Messer schält. Sie scheint sich über unseren Besuch zu freuen und strahlt uns an. Überall wachsen Teakbäume. Aus den grünen Früchten des Karitébaumes, auch Afrikanischer Butterbaum genannt, wird Karitébutter gewonnen. Sie findet Verwendung als Speisefett und in Kosmetikartikeln, in Hautcremes und Salben. „Hier wird sie als Creme verwendet, um die Haut gegen den Harmattan zu schützen", erklärt Mawuli. Der Harmattan bläst während der Trockenzeit von Dezember bis März Unmengen an Sand aus der Westsahara bis in den Atlantik.

Überladene LKWs schleppen sich mit – wie es scheint – letzter Kraft die Berge hinauf. Wie sich die Straße so in die Berge schlängelt, fühle ich mich für kurze Momente wie auf italienischen Serpentinen. Hier allerdings liegt eine Vielzahl an umgekippten

LKWs und Autowracks am Straßenrand. Irgendwann schlafe ich ein. Als ich aufwache, befinden wir uns bereits in einer anderen Vegetationszone, der Trockensavanne. Sträucher und lichte Baumbestände prägen die Landschaft, ebenso meterhohe Termitenhügel. Nachdem wir die Berge überwunden haben, ist es eben, weniger grün, eher erdfarben. Rundhütten sind mit Lehmmauern verbunden und bilden somit kleine Einheiten. Viele Bäume sind – vermutlich aufgrund der Brandrodung - schwarz.

TOGO - EINES DER ÄRMSTEN LÄNDER DER WELT

Als es anfängt zu dämmern, erreichen wir Kandé. Auf der Straße essen wir Foufou mit etwas zu trocken geratenem Hühnchen und einer sehr leckeren Tomatensoße. Hier bleiben wir und übernachten im „Auberge la Cloche", denn am nächsten Morgen müssen wir uns bei der Polizeistation einen Stempel für die Ausreise aus Togo besorgen. Es ist heiß und wir sind froh, dass im Zimmer ein Ventilator steht. Nach einer kühlen Dusche sitzen wir mit einem Getränk auf der überdachten Terrasse. Aus den Boxen schallt Musik.

Mawuli wird nach seinem Bier gesprächig. Er besitze ein Internetcafé, erzählt er uns, habe aber ursprünglich Buchhalter gelernt. Unter anderem führte er Beratungen beim Aufbau von Unternehmen durch, sowie bei einer Softwarefirma, die Buchhaltungssoftware für Westafrika herstellte. Nun versuche er sich neben seinem Internetcafé in Agrikultur. Zu diesem Zweck habe er ein Stück Land erstanden, auf dem er Yams anpflanzt. Zudem, so berichtet er uns, besitze er Schweine. Später, so sein Plan, wird noch Moringa hinzukommen. Moringa gilt als „Wunderbaum", dessen Blätter, Blüten, Schoten, Samen und Wurzeln verwertet werden können. Die Pflanze ist sehr nährstoffreich und wächst schnell. Das Öl findet unter anderem Verwendung in Kosmetika und als Speiseöl.

Mawuli ist Togolese, doch hat er einige Jahre in Benin gelebt. Dass er mit den Zuständen hier nicht zufrieden ist, hatte er bereits im Fazao Malfakassa National Park beklagt. „Hier ein eigenes Unternehmen auf die Beine zu stellen, ist nicht einfach. Die Regierung hilft nicht, die Banken geben keine Kredite. Dabei hat Togo Geld. Hier gibt es Phosphat, Klinker und Eisen. Aber die

Regierung ist zu korrupt, um zu investieren."

Tatsächlich gehört Togo mit seinen 6,5 Millionen Einwohnern zu den ärmsten Ländern der Welt, wie einige Zahlen belegen: Auf dem Wohlstandsindikator der Vereinten Nationen, kurz HDI genannt, der sich aus Faktoren wie Bildungsgrad, Lebenserwartung und Pro-Kopf-Einkommen zusammensetzt, liegt das Land auf Platz 159 von 187 Staaten. Togo verfügt über wenige Rohstoffe und gilt als Agrarland. Während der Süden des Landes etwas weiter entwickelt ist, lebt ein Großteil die Bevölkerung im Norden von der Selbstversorgung. Zwei Drittel der Menschen arbeiten in der Landwirtschaft. Etwa 20–25%[15] der Bevölkerung ist im informellen Sektor tätig, also im unregulierten Sektor und nicht im offiziellen Arbeitsmarkt. Der Anteil der Menschen, die unterhalb der Armutsgrenze leben, liegt laut Internationalem Währungsfonds (IWF) bei über 60%.[16] Viele dieser Menschen leiden an Unterernährung.

Irgendwann gehen wir in unsere Betten. Am nächsten Morgen verlassen wir die Unterkunft und holen uns bei der Polizeistation ein Visum für Benin, denn heute noch wollen wir in das Nachbarland einreisen. Der Polizeibesuch gestaltet sich unkompliziert.

Doch bevor wir Togo verlassen, werden wir noch ins Tamberma Land fahren. Diese 50.000 Hektar große Kulturlandschaft, in dem das Volk der Tamberma, oder auch Batammariba genannt, lebt, heißt Koutammakou und gehört seit 2004 zum Weltkulturerbe. Und ist eine Reise wert.

---

[15] http://liportal.giz.de/togo/wirtschaft-entwicklung.html
[16] http://liportal.giz.de/togo/wirtschaft-entwicklung/#c9381

TAMBERMA-LAND

Die Straße ist staubig und trocken. Beim Überqueren des Flusses Kéran sehen wir Goldwäscher. Der Guide, den wir unterwegs aufgabeln und mitnehmen, erweist sich als wenig geduldig und nur mäßig freundlich. Eigenartig, denke ich mir, das scheint hier eine Berufskrankheit zu sein.

Bei unserer Ankunft im Dorf werden wir von den Bewohnern in Empfang genommen. Touristen sind immer willkommen, denn sie bringen Abwechslung und Geld. Frauen bieten auf Tabletts Kalebassen und Armreifen als Mitbringsel an. Manche von ihnen tragen einen Helm auf dem Kopf, dessen Bedeutung unser Guide später erläutert.

Er beginnt mit seinem Job und erklärt uns, dass sich die Batammariba zwischen dem 16. und 18. Jahrhundert hier angesiedelt haben. Man nimmt an, dass sie aus der Gegend des heutigen Burkina Faso stammen. Über 300 Jahre lebten sie isoliert von der Außenwelt und damit abgeschnitten von modernen Einflüssen. Im benachbarten Benin heißen sie Somba. „Wir nennen sie unsere Cousinen und Cousins", erklärt er uns und führt uns zu einem von der UNESCO errichteten Abbild eines Tamberma-Gebäudes.

Die Lehmhäuser, in denen die Menschen wohnen, heißen „Takienta" und sind architektonische Besonderheiten. Sie gleichen kleinen Festungen. Die Lehmburgen schützten die Bewohner seinerzeit gegen Tiere, gegen die Sklavenjäger aus Abomey und sonstige Feinde. Alles in allem sind die Häuser sehr pragmatisch konzipiert und so gebaut, dass die Bewohner Belagerungen längere Zeit standhalten konnten.

Gleich am Eingang eines jeden Hauses befindet sich eine winzige Küche. Links wird Korn gemahlen, unter der Arbeitsfläche gegenüber hausen die Hühner. Auch von außen gibt es Zugang

für die Tiere ins Haus. In jedem Zimmer, sowohl im Oberge-
schoss als auch im „Wohnzimmer" gleich hinter dem Eingang,
sind in den Wänden zwei kleine Löcher angebracht. „So konnten die Bewohner mit Pfeil und Bogen ihre Feinde beschießen",
erklärt uns der Guide.

Im Erdgeschoss befindet sich eine Art Altar. Eigentlich besteht
er aus der Wand, wie ich erstaunt feststelle. Hier werden Wünsche ausgesprochen sowie Versprechen abgegeben. Wer sich zum
Beispiel eine gute Reise gewünscht hatte und von dieser zurück-
kehrt, der bedankt sich mit einem Huhn.

Eine weitere Einrichtung zeugt davon, dass die Behausung als
Schutzfestung diente. Die kleine, dunkle Räumlichkeit hinter dem
Wohnzimmer im Erdgeschoss war als Fluchtraum für die Familie
im Falle eines Angriffs gedacht. Mittlerweile haben Fledermäuse
die meisten dieser Rückzugsorte in Beschlag genommen.

Als Animisten glauben die Tamberma an einen universellen
Geist, der Bäume und Steine beseelt. Vor jedem Haus stehen
mannshohe Altäre. Sie sind Mittler zwischen den Geistern, also
den Ahnen und den Menschen. So sollen sie Glück bringen, das
Heim beschützen oder beispielsweise eine Schwangerschaft her-
beiführen. Auf einem Altar entdecke ich noch die Federn eines
Huhnes, das geopfert wurde.

Eine weitere architektonische Eigenheit der Takientas ist, dass
viele von ihnen zweistöckig gebaut sind. Sophia, Lijsje und ich
steigen die enge Treppe hinauf auf das flache Dach. Zwischen
den Türmchen, der Getreidekammer, die durch ein Strohdach
vor Regen geschützt wird, und den Schlafräumen verbringen die
Familien ihre Abende. Von hier oben hat man einen guten Blick
auf das Dorf und die Kühe, die zwischen zwei Bäumen stehen
und liegen. Nebenan arbeiten Frauen an einem Haus. Es existiert
noch kein Dach, für mich sieht es so aus, als bauten sie es, aber
unser Guide erklärt, dass es hier eine Arbeitsteilung gibt: „Die
Männer bauen die Häuser, die Frauen reparieren sie". Die Schlaf-

gemächer sind so winzig, dass man sich flach auf den Boden legen und mit den Füßen voran hineinkrabbeln muss. Was wir natürlich alle nacheinander machen. Durch die Löcher im Boden zwischen Gästezimmer und Schlafzimmer konnten Eindringlinge, die bereits den Eingangsbereich im Erdgeschoss erreicht hatten, von oben abgeschossen werden.

Nun haben wir das Ansichtsexemplar besichtigt und dürfen uns ein weiteres, „echtes" Haus anschauen. Oben auf dem Dach verkauft ein Bewohner Andenken. Lijsje ergattert ein Messer, mich reizt dagegen eher der ebenso zum Verkauf angebotene Helm, den der Häuptling trägt. Er sieht aus wie ein runder, umgedrehter Bastkorb. Auf der Mitte des Helms befindet sich ein irokesenförmiger Aufsatz aus Tierfellen. Ich entscheide mich dann letztendlich aber doch dagegen, denn ich muss ein wenig auf mein Budget achten.

Der Häuptling, hat einen, wie ich finde, sehr freundlichen Gesichtsausdruck. Er sitzt vor dem UNESCO-Haus und lässt sich geduldig und unentgeltlich ablichten.

Was die Helme betrifft, so ist jener der Frauen allerdings noch interessanter. Es überrascht mich ein wenig, dass er größer und auffälliger ist als der der Männer. Er erinnert an einen Wikingerhelm, nur dass er mit Kaurimuscheln und zwei Hörnern verziert ist. Es sind junge Frauen, die ihn tragen, zum Zeichen, dass sie im heiratsfähigen Alter sind. Die Hochzeitskappe für die Männer dagegen ist flach und aus Ziegenfell.

Wir dürfen fotografieren, allerdings nur auf Anfrage und für Geld, auf alles andere reagieren die Bewohner zornig. Das ist verständlich und wir einigen uns.

Unser Reiseleiter führt uns über einen Pfad zu einem Baobab-Baum, in den man hineingehen kann. „Früher, da lebten die Menschen auf dem Berg, weil die Tiere unten zu gefährlich waren", erklärt er uns. „Dann aber kamen sie herunter, um sich in den Bäumen zu verstecken." Wir stehen zu dritt im Baum, es würden aber locker noch ein paar mehr Menschen hineinpassen. Ich versuche nach oben zu dem Loch zu klettern, durch das Licht dringt. Es gelingt mir nicht, dafür aber einem Jungen mit solcher Leichtigkeit, dass er hat das wohl schon öfters gemacht hat.

Wir gehen zurück zum Auto und müssen uns von all den Leuten aus dem Dorf loseisen, die uns gefolgt sind und auf Geld hoffen. Unser nächstes Ziel ist ein Museum, in dem Ketten, Schmuck, Werkzeuge aus Schmiedeeisen, Kochutensilien zum Lagern von Gewürzen und Hülsenfrüchten und Messer ausgestellt sind. Mit einem dieser Schneidewerkzeuge werden Narben ins Gesicht geschnitten. „Damit jeder weiß, zu welchem Clan man gehört." Lijsje und Sophia warten im Auto, sie haben keine Lust auf Museum, und der Guide scheint mit seiner Geduld am Ende zu sein. Mein Bedürfnis, die Objekte fotografisch festzuhalten, kommen bei ihm nicht gut an. „Du hast doch schon genug Fotos gemacht!" Dabei möchte ich die Ausstellungsstücke dokumentieren, und zwar so, dass ich die daran angebrachten Texte lesen kann, um gegebenenfalls darauf zurückgreifen zu können, falls meine Erinnerung mich später im Stich lassen sollte.

Er erzählt, dass viele Menschen hier mit 18 Jahren heiraten, alte Menschen in dieser Kultur akzeptiert und respektiert werden und einige junge Leute auch wieder zurück in die Dörfer kommen, weil sie sich, wie er erläutert, hier wohl fühlten.

Am Ende des Museumsaufenthaltes ist unser Reiseleiter sichtlich genervt. Aber das ist mir egal. Oder rede es mir ein. Ich gehe hinaus und kaufe am Kiosk ein Youki, und schon ist er wieder etwas netter, denn nun hat er die Tortur mit mir ja hinter sich. Es ist heiß, und wir sitzen mit unseren Getränken unter einem Baum. Ich lasse die Eindrücke Revue passieren, doch schon drängt Mawuli darauf, weiterzufahren, denn wir wollen ja heute noch ins benachbarte Benin.

Die Fahrt nach Benin ist landschaftlich sehr reizvoll. Es ist bergig und grün, später wird es etwas karger. Ich frage Mawuli, weshalb die Menschen hier so ungern fotografiert werden. „Das kann verschiedene Gründe haben“, erklärt er. „Zum einem wollen sie einfach nicht ungefragt aufgenommen werden.“ Das verstehe ich. Wer will das schon? „Zum anderen vermuten einige, dass die Weißen Geld mit den Fotos machen und sie verkaufen, ohne die Fotografierten teilhaben zu lassen. Zum dritten befürchten manche, dass die Bilder zu spirituellen Praktiken verwendet werden. In manchen traditionellen Religionen glaubt man, dass einem so die Seele geraubt wird. Aber diese Angst ist heutzutage ziemlich selten.“

Unterwegs tragen Frauen kilometerweit Holzbündel. Ich erinnere mich, dass ich in Indien mal ein solches Holzbündel vom Boden aufheben wollte, es aber kaum zustande brachte, so schwer war es. Bemerkenswert fand ich es damals zu beobachten, wie ein junges Mädchen solch schweres Holz auf dem Kopf schleppte, während ein ausgewachsener Mann vor ihr her stolzierte.

Wir überholen einen Kleinbus mit der Aufschrift „Spargelhof Meyer“ – wohl eine deutsche Spende - und tanken an einer Tankstelle der besonderen Art, wie sie hierzulande oft vorkommen. Hier ist das Benzin in Flaschen abgefüllt. Der Besitzer und seine Schwägerin halten zusammmen mit Mawuli den Schlauch, an dessen Ende ein Trichter angebracht ist, in die Höhe und füllen das Benzin aus Flaschen und Kanistern in den Tank.

DER NORDEN BENINS

Büffelfleisch

Über eine wellige Piste, auf der sich Sophia am Steuer des Wagens versucht, geht es zum Nationalpark Pendjari, auf den ich mich schon sehr freue. Ich sehne mich danach, im Schritttempo mit dem Auto durch das Reservat zu schleichen, Ausschau nach Elefanten und anderen Tieren zu halten, und sie hinter einem Busch zu erspähen.

Der Pendjari-Park ist eines der letzten Schutzgebiete für Wildtiere Westafrikas. Zusammen mit dem „Nationalpark W" und dem Nationalpark Arly in Burkina Faso bildet er den sogenannten WAP-Komplex, benannt nach den Initialen der drei Reservate.

Wir entscheiden uns für das Camp Numi, eine Unterkunft, die von Alfred geleitet wird. Mit seinem fränkischen Dialekt erklärt er mir, was es zu essen gibt und dass wir uns ein Zimmer teilen können. Mawuli bevorzugt das Auto, und so tragen Lijsje, Sophia und ich unser Gepäck in das Gästezimmer. Wir bekommen noch eine zusätzliche Matratze, machen uns im Zimmer breit und setzen uns auf die überdachte Terrasse.

Zum Abendessen soll es heute Büffel geben. Es ist lauschig hier, aber aller Vorurteile zum Trotz nicht so aufgeräumt, wie man es von einer deutschen Leitung vermuten könnte. Dazu liegt zu viel Laub, das von den Bäumen gefallen ist, auf dem Boden herum. Seit 1982 lebt Alfred nun schon in Afrika, erzählt er mir. Die anderen beiden reden über etwas anderes auf Holländisch, Mawuli ist in der Küche abgetaucht und unterhält sich mit dem Koch. „Das letzte Mal, dass ich in Deutschland war, das war vor 10 Jahren." Alfred scheint kein großes Bedürfnis zu haben, sein Geburtsland regelmäßig zu besuchen. Aber er hat es hier ja auch ganz nett in seinem Camp.

„Ich habe damals für die GTZ gearbeitet, so hieß das damals

ja noch. So bin ich nach Afrika gekommen. Als Landmaschinen-mechaniker. Mittlerweile sieht die Arbeit der GIZ aber anders aus. Die beraten ja fast nur noch." Auf Mercy Ships reagiert er zunächst einmal verhalten. Es sei ihm zu christlich, wie er später herausrückt, und das verstehe ich. Als Nichtchrist muss man schon relativ tolerant und offen sein, um auf so einem Schiff, umgeben von zum Teil tief gläubigen Menschen, zu arbeiten. Ihm ist der Name geläufig und er erinnert sich, dass die „Africa Mercy" auch einmal in Benin vor Anker lag.

Das Ehepaar, das mit uns am Tisch zu Abend isst, lebt in Togo. Während wir uns den leckeren Büffel mit Pommes und Reis schmecken lassen, erzählen sie uns, dass sie für die Deutsche Botschaft in Lomé arbeiten und häufig mit den Kindern hierher fahren. Mercy Ships sei auch ihnen bekannt und genieße in der Deutschen Botschaft einen guten Ruf.

Die Deutsche Botschaft Lomé am Boulevard de la République fällt von außen wegen ihrer bunt bemalten Mauer auf. An ihr fährt jeder vorbei, der vom Hafen Richtung Innenstadt fährt. Schweiz, Berlin, Aserbaidschan, und nun Lomé. Den Bemerkungen der Ehefrau ist zu entnehmen, dass Togo dabei nicht am besten abschneidet, ihr Aserbaidschan dagegen gut gefallen hat. „Weil es noch so postkommunistisch ist."

Wir wollen am nächsten Tag früh aufstehen und ziehen uns deswegen auch schon bald in unser Zimmer zurück. Am nächsten Morgen steht Alfred mit verstrubbelten Haaren vor der Tür und macht uns darauf aufmerksam, dass wir verschlafen haben. In Benin ist es nämlich bereits eine Stunde später als in Togo. Also hechten wir aus dem Bett, packen eilig zusammen und schütten den Kaffee hinunter. Wir haben uns dafür entschieden, selber mit dem Auto durch den Park zu fahren und laden Mawuli dazu ein.

Der Pendjari-Nationalpark

Schon nach kurzer Zeit unterwegs im Reservat fällt auf, dass der Pendjari- Nationalpark, verglichen mit süd- oder ostafrikanischen Reservaten, geradezu leer ist. Die meisten Besucher, die herkommen, leben in Benin oder einem Nachbarland; viele Franzosen verbringen ihr Wochenende hier. Der Penjari-Park ist sehr wild- und artenreich, dennoch sind es weniger als 7000 Touristen pro Jahr, die den Park aufsuchen. Gemessen an über einer Million Touristen, die sich jährlich durch den südafrikanischen Krüger-Park wälzen, ist das tatsächlich nicht viel. Wichtige Einnahmequelle für den Pendjari-Park ist daher der Jagdtourismus.

Auch wenn zwischenzeitlich Berichte über vermehrte Wilderei bekannt wurden, gilt das Tierreservat insofern als Vorzeigemodell, als eine Zusammenarbeit mit den Bewohnern und ihre Beteiligung an den Einnahmen gewährt wird - seit 1996 mit Hilfe der deutschen Entwicklungszusammenarbeit. Die Einnahmen investiert die Bevölkerung in Schulen und Gesundheitszentren.

Während wir nach Tieren Ausschau halten, erinnere ich mich daran, wie wir im ebenfalls in Südafrika befindlichen Addo-Elephant-Park so nahe an Elefanten heran kamen, dass wir sie hätten berühren können. An einer Stelle hielten wir an, denn eine Elefantendame kreuzte wenige Zentimeter vor unserer Stoßstange die Straße. Näher kann man – zumindest per Auto – nicht an einen Elefanten herankommen. Links von der Spur, auf der Fahrerseite, wo Katrin saß, mit der ich damals die Reise unternahm, standen noch weitere Elefanten, die sich über die Äste der Bäume hermachten. Elefanten fressen alles kahl, was sich ihnen an Essbarem in den Weg stellt, und sie sind in der Lage, Bäume zu entwurzeln. Ein Elefant benötigt pro Tag zirka 250 000 Kilokalorien und vertilgt dabei ungefähr 200 Kilogramm Früchte, Gräser und Blätter, zur Not auch mal Wurzeln, Rinde oder Büsche. Je nach Körpergröße mehr oder weniger. Auf der Gegenspur, uns gegenüber, stand ein weiteres Auto. Die Insassen, eine Gruppe Italiener, machten mit Schreien und Hupen auf sich aufmerksam. Eine Unart unter Touristen, die nicht ganz ungefährlich ist, denn ein Elefant ist in der Lage, ein Auto umzuschubsen. Diese Elefantendame stand direkt vor dem Auto und stellte tatsächlich die Ohren in Richtung des Wagens auf, aber im Addo-Elephant-Park scheinen auch die Dickhäuter Kummer gewohnt zu sein, und so entschloss sie sich, die Italiener zu ignorieren und weiterzutrotten.

Auch der Gepard, der auf einem Hügel im Krüger-Park thronte, war von Autos umlagert gewesen. Ich hatte damals Schwierigkeiten gehabt, mit unserem Mietwagen überhaupt einen guten Platz zwischen all den anderen Autos zu ergattern, von dem wir ihn gut beobachten könnten, (was einem im Pendjari-Park aufgrund seiner niedrigen Besucherzahl vielleicht nicht unbedingt passiert – ein Vorteil). Zudem würgte ich ständig den Motor ab, wodurch ich mich bei den vor und hinter uns stehenden Touristen-Kollegen recht beliebt machte, den stechenden Blicken nach zu urteilen. Der Gepard dagegen schien sehr entspannt zu sein und blickte gelassen über unsere Autodächer hinweg ins Nichts.

Hier im Pendjai-Park begegnen wir nur wenigen Touristen, und es dauert eine Zeitlang, bis wir überhaupt ein Tier entdecken. Zu diesem Zweck starren wir regungslos aus dem Fenster. Nach einer ganzen Weile ist es dann so weit: Die ersten Elefanten stehen in einer Baumgruppe und zermalmen Blätter. Im Gegensatz zum Addo-Elephant-Park ist unser Abstand zu den Elefanten gebührend groß. Sie fressen vor sich hin, und wenn man sie nicht provoziert, passiert auch nichts. Mawuli allerdings scheint die ganze Sache unheimlich zu sein. Kaum haben wir angehalten, setzt er auch schon an, weiterzufahren. Ich dagegen möchte in Ruhe die grauen Riesen betrachten, aber Mawuli gibt Gas. Ich stoppe ihn. Er sagt, wir müssten schnell weiter, ich sage nein, endlich haben wir Tiere gesichtet und dann sollen wir wegrasen? Er drückt noch einmal aufs Gaspedal, und ich bitte ihn wieder, anzuhalten. Er ist der Meinung, dass die Elefanten gefährlich seien, und fragt mich, ob mir meine Sicherheit nicht wichtig sei, worauf ich ihm antworte, dass er sich keine Sorgen machen müsse, weil die Elefanten uns nichts tun würden. Ich frage mich – und ihn –, wozu wir überhaupt in den Park fahren, wenn wir gleich beim Anblick des ersten Elefanten flüchten. So geht das hin und her, und nachdem er einige Male aufs Gas getreten ist und wieder abgebremst hat, fühlt sich einer der Elefanten tatsächlich gereizt, stellt seine Ohren auf und läuft auf uns zu.

Mawuli ist aber auch derjenige, der, zu unserer Freude, die meisten Tiere entdeckt, zum Beispiel eine Büffelherde, die neugierig zu uns herschaut. Die Szene wiederholt sich bei den Büffeln und später bei einem Warzenschwein: Mawuli will stehenden Fußes weiter, denn er ist der Meinung, dass wir unser Leben aufs Spiel setzen, wenn wir hier länger bleiben. Büffel sind, solange man im Auto sitzt und es sich nicht um von der Herde verstoßene Einzelgänger oder verwundete Tiere handelt, harmlos. Diese Büffel strecken lediglich ihre Köpfe in unsere Richtung, denn sie haben einen sehr guten Geruchssinn. Was Warzenschweine betrifft, so können sie sogar am Eingang der Höhle wartende Leoparden mit ihren Hörnern verletzen, wenn sie mit Hochgeschwindigkeit aus ihrem Loch rasen. Hier aber geht von einem Warzenschwein wahrlich keine Gefahr aus, denn wir sitzen im Auto.

Auf dem Weg zum „Mare Bali", einem Wasserloch, passieren wir Topis und Kuhantilopen. Irgendwann erreichen wir den schlammfarbenen, überschaubar großen See. Ein Schild am Rande des Parkplatzes weist die Besucher darauf hin, dass es sich beim Nationalpark Pendjari um ein von der UNESCO ausgezeichnetes Biosphärenreservat handelt. Wir überqueren den Parkplatz zur überdachten Aussichtsplattform und beobachten Krokodile, Seeadler und Affen. Ein Pavian sitzt auf einem Baumstamm neben der Plattform und schaut uns zu. Auch ohne

Zebras und Giraffen ist der Anblick des Sees ergreifend. Es ist still und ruhig. Eine Antilope, die am Ufer steht, stellt ihre Ohren auf und beobachtet aufmerksam das Wasser. Bei genauerem Hinsehen erkenne ich, worauf sich ihr Fokus richtet - auf die Nase eines Krokodils, das in Richtung der Antilope gerichtet ist. Mehr ist von dem Reptil nicht zu sehen, aber es ist nahe am Ufer. Eine weitere Antilope auf der gegenüberliegenden Seite legt sich direkt ans Wasser. Riskant, wie ich finde. Der Seeadler, der zuvor auf einem Ast eines Baums saß, schwingt sich vom Baum ans Wasser – er hat Durst. Weitere Touristen kommen - eine Familie mit einem kleinen Jungen, die hier in Benin lebt. Um seinen Sohn zu unterhalten, versucht der Vater, eine Eidechse zu fangen. Zurück bleibt in seiner Hand lediglich der Schwanz, den die Echse abgeworfen hat. Er übergibt ihn seinem Sohn, der ihn uns nun stolz entgegenstreckt.

Nachdem wir den See eine Weile betrachtet haben, müssen wir uns dann aber doch von dem beschaulichen Ort verabschieden, da wir bei der Rückfahrt nicht in die Dunkelheit kommen wollen.

ABOMEY

Unterwegs zur Wiege des Voodoo

Wir verlassen den Park und beziehen in Tanguiéta ein Gästezimmer im „Hotel Baobab". Mawuli bevorzugt erneut sein eigenes Auto, wir andern drei teilen uns ein Zimmer - zum Glück konnten wir den letzten freien Bungalow ergattern. Architektonisch erinnern die Bungalows an die lokalen Rundhütten. Sie sind durch eine Mauer verbunden. Als erstes laden wir die Batterien unserer Handys, der Kameras und meines Notebooks auf. Wir setzen uns auf die Terrasse des Restaurants, um etwas zu essen, doch irgendwann fängt es an zu schütten, sodass die letzten Gäste zur überdachten Bar flüchten. Ich gebe meiner Müdigkeit nach und verabschiede mich von den anderen, um schlafen zu gehen.

Gegen elf Uhr am nächsten Vormittag verlassen wir das Hotel und machen uns auf den Weg nach Abomey. Unterwegs rasten wir in Bassila. An einem Holzzaun direkt an der Straße hängt ein Tuch mit der Aufschrift „Cafeteria". Ein einziger Tisch steht in dem offenen, strohgedeckten Café, in dem ein Junge unsere Getränke bringt: Ein obligatorisches Youki für Lijsje, Sprite für Sophia und mich, ein Guinness für Mawuli. Durch eine Spalte in der Wand hindurch beobachten uns neugierig Kinder. Eine Toilette gibt es nicht, nur draußen, außerhalb von Bassila – das Gebüsch.

Die Fahrt dauert einige Stunden, und wir beobachten wieder den Verkehr. Hier wird auf Mofas und Mopeds alles transportiert, was draufpasst, von Hühnern über Ziegen bis zu Särgen – nichts scheint zu groß, nichts zu sperrig.

Unterwegs erzählt uns Mawuli, dass die Deutschen bei den Togolesen angesehen sind. Das hatte ich auch auf dem Schiff schon zu hören bekommen. Die Franzosen, so wurde immer wieder beklagt, hätten Togo nur eingenommen, ohne etwas für das Land zu tun. Sie delegierten lediglich herum und ließen arbeiten,

125

während die Deutschen fleißig seien und selber anpackten.

Als historisches Beispiel dafür, dass die deutsche Schutzherrschaft dem togolesischen Volk Nutzen gebracht hat, werden gerne die drei von den Deutschen erbauten Eisenbahnlinien genannt, wie die 44 Kilometer lange Bahnschiene,[17] die von der Hauptstadt Lomé bis nach Aného führt. Der gute Ruf, überlege ich mir, könnte gleichwohl dadurch zustande gekommen sein, dass die deutsche „Schutzherrschaft" weniger lang andauerte als die französische Kolonialzeit und weiter zurückliegt, denn auch die Deutschen vollzogen die Prügelstrafe. Was den Bau der Bahnlinie betrifft, wurden Freiwillige wie Zwangsarbeiter schlecht bezahlt. Damalige Chefs beklagten sich im Jahre 1914 in einem gemeinsamen Brief an den deutschen Reichstag darüber, dass die Deutschen sie verjagten, ihr Land einnahmen und sie, anstatt die geleistete Arbeit zu entlohnen, schlugen. In dem Brief fragten sie, ob das in Deutschland auch so üblich sei.[18]

Nach einigen Stunden erreichen wir Abomey. Wir entscheiden uns für das „Chez Monique", das mit großen Holzfiguren und lebendigen Krokodilen und Antilopen, die in Gehegen eingesperrt sind, Touristen anlocken will. Es ist ansonsten ein netter Ort. Abends sitzen wir auf der Terrasse. Ich liebe das Zirpen der Zikaden und bitte daher die Angestellten des Hotels, den Fernseher neben der Rezeption leiser zu stellen, denn so schwerhörig wirkt keiner der Mitarbeiter, die vor dem Bildschirm sitzen. Nun lässt sich das Zirpen zumindest erahnen. Es scheint keine anderen Gäste zu geben, dennoch wirkt das Hotel nicht ausgestorben. Lijsje geht ins Bett, dafür setzt sich ein Mann mit dem Habitus eines Gigolos zu uns. Er fragt Sophia unverblümt, ob sie mit ihm schlafen will. Sie will nicht. Sie wendet sich von ihm ab, aber trotz ihrer etwas indignierten Reaktion versucht er es noch einmal. „It's finish", sage ich ihm und mache eine entsprechende Handbewegung. „Over". Er geht. Wir mutmaßen, dass er so eine Art männliche Prostituierte ist. Am nächsten Morgen sehen wir

[17/18] Vgl. Schicho, Walter (2001): Handbuch Afrika 2, Frankfurt am Main, Brandes & Apsel Verlag, S. 127,128

einen weiteren Mann mit rot lackierten Fingernägeln, der offensichtlich hier wohnt. Das ist alles sehr interessant und macht uns neugierig, doch leider können wir die ganze Angelegenheit nicht weiterverfolgen, denn wir sind ja hier, um die königlichen Paläste zu besichtigen. Bevor wir aufbrechen, werden uns jedoch schöne Stoffe angeboten. Sie sind bestickt und eignen sich von den Motiven her wunderbar als Geschenke für Kinder. Wie Sophia das auch immer hinbekommt, sie schafft es, den Preis weiter herunterzuhandeln als ich und am Ende scheinen alle zufrieden zu sein.

Ein junger Mann stößt zu uns und stellt sich als Guide vor; wir nehmen an.

Das Weltbild im Voodoo – ein kurzer Überblick

Abomey hat natürlich nicht nur Paläste zu bieten. Uns fasziniert auch Voodoo - mystisch, unheimlich und fremd. Die Religion hat hier in Abomey ihren Ursprung. Deswegen bringt der Guide uns zunächst einmal zu einem Tempel.

Der Begriff Voodoo – ursprünglich Vodún - stammt aus dem Fon, der Sprache, die im Süden Benins hauptsächlich gesprochen wird, und heißt so viel wie Geist oder Gottheit. Vodún beschreibt sowohl die Religion als auch Geister oder Götter.

Die Religion lebt von der Vorstellung eines Kosmos, der aus zwei Teilen einer Kalebasse besteht: der Erde und dem Himmel. Umfasst wird dieses Universum von Dan, der Regenbogenschlange.[19]

Im Voodoo existiert eine höchste Schöpfergottheit namens Mawu-Lissa; wobei Lissa das männliche und Mawu das weibliche Prinzip darstellt. Aus diesem Urpaar entstanden weitere 14 Gottheiten, die abermals Hunderte Gottheiten hervorbrachten. Da gibt es Sakpata, den Pockengott, der Krankheiten zu heilen vermag, oder „Gu", den Gott des Eisens.

Für Uneingeweihte ist die Welt der Voodoo-Götter alleine

---

[19] Vgl. Wohrl, Ann-Christine/Salm-Reifferscheidt, Laura: Voodoo, terra magica Verlag, 2011, S. 52ff

deshalb kaum zu durchschauen, weil die Gottheiten in verschiedenen Sprachen unterschiedliche Namen haben. In Fon „Heviosso" genannt, heißt der Donner- und Wettergott in Yoruba „Shango". Zudem ändern sich die Götter im Laufe der Zeit, einige verschwinden, neue, wie „Mami Wata", die Wassergöttin, kommen hinzu. Unter anderem geschah dies in der Vergangenheit durch die Aufnahme der Götter von besiegten Nachbarvölkern. Der Glaube an Dan, den Schlangengott, hat seinen Ursprung beispielsweise in Ouidah.

Hinzu kommt, dass dem Geschlecht einiger Götter keine Bedeutung beigemessen wird. So wird beispielsweise Mami Wata hin und wieder auch männlich dargestellt.

Diese vielen Gottheiten fungieren als Vermittler zwischen den Menschen und dem Urpaar Mawu-Lissa. Und jeder Gott hat einen bestimmten Aufgabenbereich.

Ebenfalls zu den Vodúns gehören die Geister der Verstorbenen, welche die Nachfahren beschützen.

Ein wichtiger Bestandteil dieser Religion sind Opferdarbringungen. Einst mussten Menschen daran glauben, heute werden sie in Form von Tieren oder Lebensmitteln wie beispielsweise Alkohol oder Zigaretten praktiziert. Durch diese Opfer und Zeremonien wird die Verbindung zwischen den Menschen und den Göttern verstärkt. Das Blut eines Huhnes beispielsweise verleiht einem Vodún Energie, mit der er den Menschen helfen kann. Weitere Bestandteile dieser Religion sind Tänze, göttliche Eingebungen und Trance.

Den Priestern kommt die Aufgabe zu, das Gleichgewicht zwischen den Menschen und den Göttern herzustellen, ferner können sie Verwünschungen und Zauber bekämpfen und sind in der Lage, durch Zauber und Magie anderen Schlechtes zuzufügen. Allerdings lernen sie im Zuge ihrer Ausbildung, diese Macht nicht zu missbrauchen. Der Glaube an Hexen existiert auch außerhalb des Voodoo. Tatsache aber ist, dass Hexerei und Zauber tagtäglicher Bestandteil im Leben eines Voodoo-Anhängers sind. Und vor Hexen muss man sich ständig in Acht nehmen. Hexen können Geldprobleme, Kriege und Naturkatastrophen verursachen und sie können sich auch in Tiere verwandeln. So wird Leid und Unglück im menschlichen Leben erklärt. Wem Schlechtes widerfährt, der hat Unrechtes getan oder Böses gedacht. So lautete die Begründung für vieles, was im Leben passiert. Wer seine Götter vernachlässigt, wird in Form von Krankheit oder Schulden oder einem anderen Unglück bestraft. Und der Glaube daran sitzt bei den Einheimischen tief, wie wir das auf dem Hospitalschiff erlebt haben. Mit zum Teil schlimmen gesundheitlichen und sozialen Folgen, sobald Kranke als Hexen stigmatisiert werden.

Im Zentrum des Voodoo

Zunächst einmal führt uns unser Guide zu einem Voodoo-Priester. Angeblich ist der Priester ein Nachfolger der Könige von Abomey und hat 28 Frauen und 87 Kinder. Sein Vater habe wiederum 85 Frauen und 215 Kinder gehabt. Wir geben uns beeindruckt und halten das alles für ziemlichen Unsinn. Was es auch ist, wie uns der Führer in den Palastruinen später erklärt. „Das ist nicht seriös", ärgert der sich. „Diese Guides erzählen das, weil sie glauben, dass Touristen das gerne hören möchten." Der Priester sei ein anerkannter Priester, aber nicht der offiziell amtierende Nachfahre des Königs Agoli-Agbo.

Wir ziehen die Schuhe aus und betreten den ersten Tempel. Holzfiguren, Kalebassen und Stöcke sind hier auf dem Boden präsentiert. Zwischen den Fetischen liegt ein schwarzes Huhn und scheint in seinem Nest zu brüten. Praktisch, dann muss es zum Opfern nicht mehr eingefangen werden. Unser Guide erklärt uns die Bedeutung einiger dieser Fetische. Der größte hier im Raum stehende hilft Frauen, eine Schwangerschaft herbeizuführen. Es handelt sich um eine aus Holz geschnitzte Figur mit einem dicken Bauch.

Die entsprechende Zeremonie vollzieht der Priester, der den Raum kurz nach unserem Eintritt verlassen hat. Diesem Ritual soll nicht nur die Frau beiwohnen, sondern auch der Ehemann, und zwar getrennt von ihr. Während des Ritus wird eine Banderole um das Haus gewickelt, sodass der Geist in die Person eindringt. Der Geist spricht durch den Priester. Dasselbe vollzieht er dann auch mit dem Mann. Danach sollte die Frau in 3 Monaten ein Baby erwarten können. Trete keine Schwangerschaft ein, so wird uns erklärt, schicke der Priester die Frau zum Arzt, da es sich dann erwiesenermaßen um ein natürliches, biologisches Problem handle. Der Priester hingegen ist in der Lage zu heilen, wenn Flüche und Verwünschungen Ursache für eine nicht zustande kommende Schwangerschaft sind.

Neben dem Huhn steht Bocio, ein Fetisch, der vielerlei Verwendung findet. Als Bote ist er zum Beispiel in der Lage, einen kranken Ehepartner, der sich an einem anderen Ort befindet, zu heilen, erklärt uns der Guide. Mit ihm könne man böse Geister aus der Familie vertreiben, wie uns auch Victorien, der Guide, der uns später durch die Paläste von Dahomey führen wird, bestätigt.

Eine Zeremonie, in der Bocio eingesetzt wird, kann folgendermaßen ablaufen: Man nehme das Foto des kranken Ehepartners mit, der sich an einem anderen Ort befindet, zum Beispiel im Ausland. Der Priester legt es vor Bocio und führt ein spirituelles Gespräch mit ihm, und so gesundet der Ehepartner. Danach wird ein schwarzes Huhn geopfert. Passenderweise liegt es ja da schon. Die Hühnerleiche wird in einen heiligen Wald gebracht, und in diesem Körper des Huhns steckt dann die Krankheit.

Unser Führer erklärt weiter: Zwei Ursachen gebe es, weswegen man verrückt werden könne. Die eine sei der Konsum von Drogen. „Dann kommt der Betroffene in die Klinik. Eine andere Erklärung ist, dass dich jemand krank macht, künstlich sozusagen. Dann ist der Betroffene ein Fall für Voodoo."

Wir verlassen den Tempel mit dem Namen Sakpata. Sakpata ist der Gott des Todes und der Krankheiten. Im Hinterhof, der auch als Tempel gilt, riecht es nach Kot. Wir gehen in den nächsten Raum, in den „Temple of Fá".

Fá ist ein Orakel, das von einem sogenannten Bokonon befragt werden kann im Hinblick auf Erkundigungen über die Gegenwart, das eigene Schicksal und die eigene Zukunft. Es besteht aus Schnüren, an denen Ölpalmnüsse oder Kaurimuscheln hängen. Die Kette wird mehrfach auf den Boden geworfen und je nachdem, wie die Nüsse fallen, ergeben sich unterschiedliche Kombinationen, die gedeutet werden wollen. Man nimmt an, dass dieses komplizierte Orakel ursprünglich aus Arabien oder Mesopotamien stammt, worauf auch der Umstand hinweist, dass das Fá von rechts nach links gelesen wird.[20] Fá beruht auf 16 Orakelsymbolen, die unterschiedlich zusammengesetzt 256 Zeichen ergeben. Auf diese Weise kann der Charakter eines Menschen analysiert, die Zukunft gedeutet und es können Ratschläge erteilt werden. Die Ausbildung zum Bokonon, der das Orakel zu deuten weiß, ist aufwendig: Sie dauert bis zu sieben Jahre und beinhaltet das Studium bei unterschiedlichen Lehrern.

Der „Temple of Fá" steht voll mit Holzfiguren und einigen Flaschen. Alte, verblichene Kleidungsstücke und Stofffetzen hängen über zwei Stühlen. Der Priester sitzt auf einer Holzbank. Wir nehmen Platz und beobachten, wie sich unser Guide vor den Priester kurz bäuchlings auf den Boden legt. Aus Respekt, zur Begrüßung. Vor dem Priester steht eine Schüssel mit undefinierbarem, dickflüssigem Inhalt. Bei näherer Betrachtung meine ich, eine Ziegenzitze zu erkennen. Es sieht alles in allem nicht sehr appetitlich aus. „Da ist Albinoblut drin", beschwört uns unser Führer.

Albinos haben im afrikanischen Aberglauben eine besondere Bedeutung. Tatsächlich werden sie in einigen Ländern gejagt und getötet, weil sich manch einer von ihren Körperteilen Wunderwir-

---

[20] Vgl. Wohrl, Ann-Christine/Salm-Reifferscheidt, Laura: Voodoo, terra magica Verlag, 2011, S.109ff

kung verspricht. Solche Geschichten gingen auch durch westliche Medien. Später, in den Ruinen der Paläste der Könige von Abomey, werden wir allerdings darüber belehrt, dass hier kein Blut eines Albinos in der Schüssel verrührt wurde. Das hatten wir bereits vermutet. Es fällt bei den hiesigen Guides manchmal nicht leicht zu unterscheiden, welche Aussage den Tatsachen entspricht und welche nicht. Grundsätzlich konnte ich recherchieren, dass im Voodoo keine Menschen getötet und keine menschlichen Körperteile in Ritualen verwendet werden.[21]

„Der Priester kann in vielen Problemlagen helfen", erläutert unser Guide weiter. „Wird beispielsweise eine Person bestohlen, kann sie zum Priester gehen, der eine Zeremonie vollzieht. Bringt der Räuber nicht innerhalb von sieben Tagen das Diebesgut zurück, stirbt er."

Uns werden weitere Riten vorgeführt, die dazu führen sollen, von Krankheiten befreit, stark oder reich zu werden. Unser Guide legt ein Horn an den Mund und dreht sich in alle vier Himmelsrichtungen. „Das Wasser in dem Horn ist heilig. So wird man gesund." Er geht vor dem Priester, der vor der Schüssel sitzt, auf die Knie. „Leidet jemand an einer Krankheit, steckt der die Hand in die Schüssel und isst den Inhalt. Beim dritten Mal muss er die Flüssigkeit mit dem Albinoblut über den Bauch streichen." Der Priester demonstriert uns das, doch es geht so schnell, dass ich nicht mitkomme. Deswegen bitte ich ihn, das Ganze zu wiederholen, damit ich den gesamten Akt auf meiner Olympus-Kamera festhalten kann. Schließlich werde ich nicht so schnell noch einmal hierherkommen. Ein wenig überrascht, aber geduldig, wiederholt der Priester den Vorgang.

Wir verlassen den Tempel. Zwischendurch reagiert unser Guide – wie sollte es auch anders sein – doch ein wenig gereizt auf mich. Um ganz offen zu sein: nicht nur ein wenig. Meine Fotografiererei regt ihn auf. Dabei ist es mir hier eigentlich erlaubt, so viel und was ich will zu fotografieren. Es fällt mir schwer, aber ich

[21] Vgl. Lademann-Priemer, Gabriele: Voodoo, Verlag Herder, 2011, S. 11

zügele mich nun etwas. Er führt uns an mehreren Tempeln im Dorf vorbei, zum Beispiel am Schlangentempel der Regenbogenschlange Dan. Auf dem blauen Häuschen mit dem Wellblechdach sind zwei solcher Reptilien abgebildet, eines von ihnen mit großen, weißen Zähnen. Wir versuchen, durch das Holzgitter an der Tür ein paar Schlangen zu erspähen, doch es gelingt uns nicht.

Im Tempel vom Sohn des Priesters spuckt der zunächst einmal einen Mund voll Wasser in die Ecke des Raumes. Leider kann ich nicht mehr fragen, wozu das gut sein soll, denn Sophia wird das langsam zu viel. Sie will auch nicht den Alkohol, der herumgereicht wird, in die Wasserpfütze auf dem Boden inmitten des Raumes schütten, wie es von uns erwartet wird. „Ich bin Christin! Ich mag nicht mehr", verkündet sie und schreitet ins Freie. Wir folgen ihr und laufen zurück zum Auto. Mit diesem geht es weiter zum Voodoo-Markt. Im Angebot sind Fledermäuse, Schlangen, Vögel, Affen, Pferdeköpfe, Uhus sowie kleine Altäre.

Schön ist das nicht, die vielen toten, aufgespießten und aufgereihten Tiere zu sehen. Nicht erfreulicher ist der Anblick der lebenden Tiere wie der Hühner und Perlhühner oder auch der Katzen, die zusammengepfercht in engen Käfigen eingesperrt sind.

Aus diesem Grund lediglich mittelprächtig gelaunt, fahren wir weiter zu den Palästen.

Die Paläste von Dahomey

Von diesen Palästen aus regierten die Könige des ehemaligen Königreiches Dahomey. Das Königreich existierte vom 17. Jahrhundert bis zum Ende des 19. Jahrhunderts. Danach war Dahomey bis zur Unabhängigkeit 1960 französische Kolonie. Seit 1975 heißt es Volksrepublik Benin.

Victorien ist der Name unseres Guides, der uns am Eingang begrüßt und durch die Gemäuer führen wird. Er wirkt in seinem Auftreten ein wenig seriöser als der vorherige, finde ich. Zunächst zeigt er uns den Besucherraum, in welchem der König seine Gäste empfing. Davor befindet sich ein großer Platz, auf dem Souvenirs und Getränke angeboten werden. Es ist heiß, doch wir geben unserem Bedürfnis, etwas Kühles in dem Café zu trinken, nicht nach, denn Victorien wartet.

Die Paläste, beziehungsweise das, was von ihnen erhalten geblieben ist, zählen zum UNESO-Weltkulturerbe. Insgesamt umfasst das Areal 47 Hektar. Es sind rote Lehmbauten, die immer wieder erweitert wurden, von König zu König. Die Paläste von König Gézo und seinem Sohn Glélé sind nun Museen.

Die Zahl 41 war im Königreich heilig. Wie bereits unser erster Guide erklärt hatte, gab es 41 Gesetze, das erste davon lautete, das Reich ständig zu vergrößern. Daran arbeiteten die Könige mittels männlichen und weiblichen Kriegern und Kriegerinnen - den Amazonen - fleißig. 12 Könige herrschten zwischen 1625 und 1900 in Abomey. Sie waren mächtig und vergrößerten das Königreich durch Eroberungsfeldzüge. Besonders wichtig war die Einnahme von Ouidah im Jahre 1727 und damit der Zugang zum Meer.[22]

Seine größte Ausdehnung erreichte Dahomey unter den Königen Gézo (1818 bis 1858) und Glélé (1858-1889). Das Symbol Gézos war ein Büffel, das seines Sohnes Glélé der Löwe. Um seine Macht zu festigen, waren Hofstaat und Heer des Königs riesig. Als besonders schlagkräftig und furchtlos galt dabei die

[22] Vgl. Lademann-Priemer, Gabriele (2007): Benin – Wiege des Voodoo, Marburg, Tectum Verlag, S. 59

Elite-Armee der bereits erwähnten Amazonen. Sie waren dafür berüchtigt, ihre Gegner zu enthaupten. Die Amazonen hatten sich einer harten Ausbildung zu unterziehen und wurden den Männern gleichwertig behandelt.

Wir laufen weiter, doch Lijsjes und Sophias Aufmerksamkeit lässt langsam nach. Victorien zeigt uns die restaurierten Flachreliefs, welche die Wände zieren.

In der nächsten Räumlichkeit flammt das Interesse der beiden anderen wieder ein wenig auf. Die Könige waren nämlich wenig zimperlich, was den Umgang mit ihrem eigenen Volk und überhaupt Menschen anging. In einem Ausstellungsraum steht der Thron des Königs, der auf vier Menschenschädeln fußt. Daneben ist ein Schirm zu besichtigen. „Saß der König unter einem Schirm, wurde dieser über seinem Kopf gedreht, denn das bedeutete Wachstum und Kontinuität für das Königreich. Drehte ein Sklave den Schirm über dem Kopf des Herrschers jedoch in die falsche Richtung, wurde er exekutiert, da er als Feind des Reiches galt", erklärt uns Victorien. Schaffte es ein Exekutor wiederum nicht, den Kopf eines Menschen mit einem Hieb abzuschlagen, wurde er selber ebenfalls umgebracht.

Auch draußen geht es nicht erfreulicher weiter. König Glélé errichtete für seinen verstorbenen Vater, der, wie man vermutet, im Krieg gegen das Königreich Oyo starb, einen Tempel. So sollte die Seele des Vaters zurückkehren und Ruhe finden. Der Tempel besteht jedoch nicht nur aus Lehm, sondern in die Wände wurde Blut von 41 Oyo-Sklaven mitverarbeitet. Als König Glélé wiederum starb, mussten 41 Frauen mit ihm gehen, indem man sie lebendig begrub. „Dabei wurden ihnen Drogen und Alkohol verabreicht, damit sie einschliefen", wie uns Victorien beschwichtigend erklärt.

Auch sonst war das Leben kein Zuckerschlecken für das Volk zu jener Zeit, zumal der Großteil der in Abomey lebenden Menschen den Status von Sklaven hatte. So wurden bei religiösen

Riten Menschen geopfert oder Sklaven gegen Ware aus Europa getauscht. Für 15 Männer oder 21 Mädchen erhielt der König beispielsweise eine Kanone.

Wir gehen weiter. Victorien schlägt mir vor, dass, wenn ich doch so viele Fragen hätte, mich besser an die Verwaltung wenden solle. Ich spüre, dass mein Verhältnis zu ihm auf Messers Schneide steht. Und das, obwohl ich meine Kamera in der Tasche gelassen habe, weil ich hier in den Palästen gar nicht fotografieren darf. Er aber gibt sich professionell und bleibt höflich.

Wir schauen uns noch einige Exponate an, Fetische hinter Glas. Auf einem Platz zeigt uns Victorien ein weiteres Haus. Das hatte der portugiesische Sklavenhändler Francisco Félix de Souza König Gézo geschenkt.

Francisco Félix de Souza gilt als „Gründer der afrobrasilianischen Gemeinschaft".[23] Diese besteht nicht nur aus seinen Nachkommen, die heute noch in verschiedenen westafrikanischen Ländern leben, sondern auch aus den aus der brasilianischen Sklaverei entlassenen Rückkehrern.

Die beiden hatten ein so gutes Verhältnis, dass König Gézo ihn zum Vizekönig von Ouidah ernannte und anlässlich seines Todes zwei Kinder und drei Männer opfern ließ.

[23] Lademann-Priemer, Gabriele: Benin – Wiege des Voodoo", Tectum Verlag, 2010, S. 54

Die Könige und die Sklaven

Sklaven wurden nicht nur an die Europäer verkauft, sondern auch innerhalb des Reiches eingesetzt. Für die Könige war die Frage der Größe des Hofstaates eine Frage des Prestiges. Bei einer Einwohnerzahl von 200.000 Menschen handelte es sich bei den meisten in Dahomey lebenden Menschen um Sklaven, nur etwa 12.000 Bürger waren frei.[24] „Es gab drei Klassen", erklärt uns Victorien. „Die Prinzen und Prinzessinnen, die Freien, die hier bereits lebten, bevor Abomey gegründet wurde, und die Sklaven." Die Europäer kamen den afrikanischen Herrschern also gerade recht, denn das Königreich stand in ständiger Auseinandersetzung mit benachbarten Regionen. Durch den Handel mit menschlicher Ware gegen Gewehre, Kanonen, Schießpulver, Gold oder Alkohol konnten die Könige ihre Macht ausbauen und das Reich immer weiter vergrößern.

Doch warum ließ der Sklavenhandel nach? Trotz des Verbots Anfang des 19. Jahrhunderts in Europa ging der Sklavenhandel zunächst weiter, denn für alle Könige war der Handel mit Menschen von wirtschaftlicher Bedeutung. Mitte des 19. Jahrhunderts fing König Gézo an, den Export von Palmöl zu fördern, da sich zu dieser Zeit der Bedarf und damit die Nachfrage nach Ölen durch die Europäer erhöht hatte. So wurden nicht mehr die Sklaven für immer billigeres Geld verkauft, sondern sie wurden auf den königlichen Plantagen eingesetzt, um die Produktion von Palmöl zu steigern. Innerhalb Afrikas blieb dadurch trotz des Verbots des Handels mit Menschen der Sklavenhandel bestehen.

Unser Rundgang ist zu Ende. Nun endlich gönnen wir uns eine kalte Cola. Vor dem Eingang steht Mawuli mit dem Wagen. Wie verabschieden uns von Victorien und fahren los.

Sophia wundert sich, dass die Paläste zum UNESCO-Weltkulturerbe gehören. Es ist wahr, verglichen mit asiatischen und europäischen Bauten, wirken diese hier etwas schlicht. Doch es

---

[24] Vgl. http://www.lwg.uni-hannover.de/wiki/Das_K%C3%B6nigreich_Dahomey_zwischen_Sklavenhandel_und_franz%C3%B6sischer_Kolonie#Weitere_Sklavenjadgen

handelt sich zum einen um Ruinen, das meiste ist zerstört. Zum anderen war Dahomey ein mächtiges Reich und die Paläste sind heute, womit die UNESCO ihre Wahl auch begründet, einzigartiges Zeugnis dieses Königreichs.

Unser Einblick in die Welt des Voodoo hat uns deutlich gemacht, wie tief die Wurzeln dieser Religion hierzulande sind. Sie ist kaum von hier wegzudenken. Der Alltag eines Gläubigen ist angstbesetzt. Ständig muss man sich vor Hexen in Acht nehmen und mit Amuletten vor Unglück schützen. Körperlich und psychisch Kranke haben darunter besonders zu leiden.

Mit diesen neuen Eindrücken lassen wir Abomey hinter uns und steuern Cotonou an.

DER SÜDEN

Richtung Cotonu

Das Radio ist an und unsere Stimmung gut. Während wir die Straße in Richtung Süden fahren, frage ich mich, was sich ein Alien so denken würde, der den Auftrag hätte, anhand der Strecke Abomey - Cotonou herauszufinden, wie das mit den fahrbaren Untersätzen der Erdmenschen so funktioniert und ob es da irgendwelche Regeln gibt, die gegebenenfalls von ihnen eingehalten werden müssen. Er wäre vermutlich verwirrt, denn auf den ersten Blick sieht es ganz und gar nicht danach aus. „Hier fährt jeder, wie er will!" Sophia hängt ungläubig ihren Kopf aus dem Fenster, und der Verkehr hat tatsächlich etwas Anarchisches: Ob Links- oder Rechtsverkehr herrscht, wäre für Wesen, die nicht auf der Erde aufgewachen sind, kaum auszumachen. Um den Schlaglöchern auszuweichen, die ausgerechnet auf der Straße Richtung Hauptstadt zunehmen, wird die Fahrerei zu einem einzigen Geeiere. Von links nach rechts und von rechts nach links umfahren PKWs und LKWs riesige Schlaglöcher. Nicht selten sehen wir LKWs in Gräben oder vollkommen überfrachtet und umgekippt mitten auf der Straße liegen. Sie sind, und das sieht selbst mein laienhaftes Auge, das herzlich wenig von Autos versteht, nicht nur überladen, sondern auch zum Großteil steinalt und kaum in der Lage, die hiesigen Berge zu erklimmen. Ich hatte, als wir auf dem Weg in den Norden und zurück jeweils am Fuße der Berge eintrafen, jedes Mal ein erleichtertes Gefühl ob des Glückes, dass die Fahrer und ihre Lastkraftwagen, welche nicht im Straßengraben gelandet sind, die Fahrt wohl überstanden hatten. Sie hätten eine Pause verdient, wenn nicht gar Urlaub.

Wir halten am Straßenrand an, um zu tanken. Laut Mawuli ist das Benzin hier billiger als in Togo, da es aus dem Grenzland Nigeria illegal eingeführt wird. Wieder wird es in dicken, bauchigen Flaschen verkauft. Freundlicherweise hält der Tankwart die große schwere Flasche noch lange nach dem letzten Tropfen über den Trichter, bis ich ein für mich zufriedenstellendes Foto geschossen habe. Die Qualität des Benzins lässt allerdings zu wünschen übrig, das Auto gibt seltsame Geräusche von sich und fährt nicht gut. Deswegen muss Mawuli noch einmal nachtanken, um die Qualität aufzubessern. Um was für einen Stoff es sich dabei handelt, den er da einflößt, erklärt er uns nicht. Wir sind auch nicht wirklich interessiert an dieser Information, denn der Straßenverkehr spielt etwas verrückt und lenkt uns ab. Allerdings scheitert auch hier mein Versuch, das Chaos fotografisch zu dokumentieren, denn die anderen Verkehrsteilnehmer geben mir zu verstehen, dass das nicht in ihrem Sinne ist. „Um diese Zeit ist hier immer Stau", erklärt uns Mawuli, während wir nur langsam vorwärtskommen. Autos hupen, Sirenen heulen, Mopeds schlängeln sich zwischen Lastkraftwagen hindurch.

Es dämmert bereits und auf der Suche nach einer freien Unterkunft werden wir im „Codiam" fündig, einem von katholischen Nonnen geführten Hotel. Hier verbringen wir die kommenden zwei Nächte. Die Zimmer sind einfach und sauber. Als erstes laden wir die Batterien unserer Kameras und meines Notebooks auf, genehmigen uns eine Dusche und ziehen dann los, denn wir haben alle Hunger. Auf Sophias Wunsch soll es mal wieder etwas Europäisches geben. Wir durchkämmen den Stadtteil mit dem Namen Haie Vive, der unweit des Flughafens liegt. Hier haben auch Organisationen wie Oxfam und die Friedrich-Ebert-Stiftung ihre Büros. Die Auswahl an Bars und Restaurants ist groß. Das „Livingstone" ist voll, ein Glück, denn es ist mir hier ohnehin zu laut, außerdem wird auf der Leinwand Fußball gezeigt. Wir entscheiden uns für eine Pizzeria mit weniger Gästen. Die Pizza ist nur mäßig gelungen, dafür schmeckt der Baileys umso besser. Lijsje und Sophia möchten noch nicht nach Hause, sondern etwas trinken gehen, ich dagegen bin müde. Mawuli ist so nett und fährt mich zurück. Als wir Sophia und Lijsje überholen, beobachten wir, wie ihnen zwei Männer auf Mopeds folgen. Mawuli geht vom Gas herunter und kurbelt die Fensterscheibe auf. „Habt ihr ein Problem?"- die Frage genügt den beiden Mopedfahrern, um sich davonzumachen. Das war sehr aufmerksam von Mawuli. Es hätte unter Umständen eine unangeneme Situation für Sophia und Lijsje entstehen können.

Ganvié

Cotonou ist moderner und quirliger als Lomé. Doch wir halten uns hier kaum auf, denn gleich am nächsten Tag verlassen wir die Stadt in Richtung Ganvié, einem Dorf auf Pfählen im Nokoué-See. Am Ende begeistert uns unser Ausflug zu den Pfahlbauten nur wenig, dabei ist die Geschichte interessant: Zur Zeit des Königreichs Dahomey flüchtete das Volk der Tofinu auf den See Nokoué und ließ sich dort nieder. Hier waren sie vor den Sklavenjägern aus dem Königreich sicher, denen es aus religiösen Gründen verboten war, Kämpfe auf dem Wasser auszufechten.

Am See angekommen, transportiert uns ein Motorboot zu den Pfahlbauten. Auf dem Weg zu dem Dorf passieren wir die Fangnetze der Fischer. Neben Tourismus ist der Fischfang die Lebensgrundlage der Einwohner. Sie fangen oder züchten die Fische mithilfe von Bambuszäunen- und Fallen, den sogenannten „Akadjas". An einigen der kleinen Boote sind Segel angebracht. Wir sehen die ersten Häuser auf Stelzen. Einige sind holzfarben, andere blau oder grün angestrichen. Als wir das Dorf erreichen, werden wir eher misstrauisch beäugt. Auch unser Bootsführer schaut insbesondere mich an, als käme ich vom Mars. Willkommen fühle ich mich jedenfalls nicht.

Zunächst lädt unser Bootsführer uns an einem Restaurant ab,

in der Hoffnung, dass wir Souvenirs kaufen, was wir aber nicht tun. Wir steigen zurück ins Boot. Die Bewohner des Dorfes paddeln auf den Wasserstraßen zwischen den Häusern, die auf den Pfählen errichtet sind. Wir versuchen, einen Blick in die Wohnungen zu werfen.

Und schon wieder machen wir uns unbeliebt - und werden beschimpft. Die Frauen auf den Booten halten ihr Gesicht bedeckt, da sie nicht fotografiert werden wollen. Dabei versuche ich schon, Menschen als Motiv zu vermeiden oder Weitwinkel zu verwenden, um die Fotografierten so klein wie möglich zu halten. Außerdem sieht man auf meinen Bildern immer nur Rücken. Auf dem Rückweg begegnen uns weitere Pirogen, offensichtlich Wassertaxis, die die Menschen zwischen Ufer und Land hin- und hertransportieren. Wir müssen versehentlich gedankenlos-gelangweilt in ihre Richtung geschaut haben, denn wir ernten heftige und wütende Reaktionen. Und das ganz ohne Kamera! Schauen ist wohl unerwünscht. Lijsje hat die glorreiche Idee, bei der nächsten Piroge, die uns entgegenkommt, freundlich zu winken. Die Fahrgäste reagieren irritiert, manche aber winken, wenn auch zögerlich, zurück. Wenn das mal nicht als erfolgreicher, interkultureller Austausch gebucht werden kann.

Zurück am Auto erkundigen wir uns nach dem Verhalten der Einwohner von Ganvié und Mawuli, der ja immerhin vier Jahre in Benin gelebt hat, bestätigt zu meiner Überraschung unseren Eindruck: „Die Menschen im Süden sind manchmal nicht sehr freundlich."

Wir fahren zurück nach Cotonou. Während die anderen drei abends in Cotonou noch ausgehen, bleibe ich im Hotel. Das ersparte mir einen nächtlichen Aufenthalt bei der Polizei, wie ich am nächsten Morgen erfahre. Diese hatte Mawulis Auto angehalten und auf das Polizeirevier gebracht, da Lijsje sich nicht ausweisen konnte. Die Polizei forderte, dass entweder Lijsje oder Mawuli den Ausweis aus dem Hotel holen sollte. Sophia bestand auf einer anderen Option: der Polizei Geld zu zahlen. Lijse alleine mit einem Mopedtaxi und dazu noch nachts durch Cotonou fahren zu lassen oder alleine mit ihr auf der Polizeiwache auf Mawuli zu warten, war wirklich kein beruhigender Gedanke.

PORTO NOVO

Am Tag darauf halten wir uns ebenfalls nicht länger in Cotonou auf, sondern machen einen Ausflug nach Porto Novo. Obgleich wirtschaftlich weniger bedeutend als Cotonou, ist Porto Novo offiziell die Hauptstadt des Landes. Die Stadt ist mit 250.000 Einwohnern auch um gute 550.000 Bewohner kleiner. Hier herrschte zur Zeit des Königreichs Dahomey das Königreich Aja, das mit den Nachbarn Krieg führte. Ende des 19. Jahrhunderts wurde es unter den Franzosen mit Dahomey zusammengeführt.

Wir durchqueren mit dem Auto die Altstadt. Mawuli ist müde und hungrig. Er schlägt vor, im Botanischen Garten etwas essen zu gehen. Das machen wir, es gibt Sandwiches und Cola. Wir vier sitzen unter einem Dach, nebenan auf der Terrasse steht vor fast jedem Gast dank des Internetzugangs ein Laptop. Wir scheinen die einzigen Touristen zu sein. Sophia hat sich zu einem kleinen Rundgang aufgemacht, und ich sehe sie aus der Entfernung fotografieren, was meine Neugierde weckt. Als ich näherkomme, sehe ich schon die Affen, die sich von den Besuchern mit Bananen füttern lassen.

Wir beenden unsere Pause und setzen die Autofahrt fort. Vorbei an der im Kolonialstil erhaltenen Kathedrale, die ich nur kurz zu Fuß umrunde, weil der Eingang verschlossen ist, geht es in Richtung Markt. In einer Seitenstraße steigt Lijsje aus dem Auto, da sie das Bedürfnis hat, ein wenig herumzuschlendern. Zwischen Marktständen schlängeln wir uns mit dem Auto durch die Straßen, sammeln Lijsje wieder ein und fahren, auf den Ratschlag Mawulis, der sich hier etwas auskennt, zur großen, afro-brasilianischen Moschee. Der Bau dieses bunt gestrichenen, allerdings abblätternden Gebäudes wurde Anfang des 20. Jahrhunderts beendet.

Wir sind alle erschöpft. Sophia versucht, während meiner Fotografierversuche vor der Moschee ein wenig im Auto zu schlafen.

Während es bisher fast überall im Land Menschen ablehnten, aufgenommen zu werden, habe ich hier Mühe, die Moschee - oder Teile von ihr - ohne menschliches Beiwerk fotografisch festzuhalten. Das wird mir nämlich durch ein paar Mädchen erschwert, die ständig vor dem Motiv herumspringen und damit meine Architekturaufnahmen torpedieren. Ein Portrait vor einer der bunten Mauern wäre ja durchaus schön, aber kurz vor dem Auslösen werfen sie immer ihre Tücher vor ihre Gesichter und lachen sich tot. Man macht sich über mich lustig. Ich übe mich also in Geduld. Die Kinder jedenfalls haben ihren Spaß. Schlussendlich gelingt es mir doch noch, ein paar Fotos von der Moschee ohne Kinder im Vordergrund zu schießen.

Durch die Stadt hindurch fahren wir weiter zu einem Projekt namens „Centre Songhaï", in dem Mawuli seine landwirtschaftliche Zusatzausbildung absolviert hat. Er möchte es uns zeigen. Dieser Betrieb verfolgt das Prinzip der Nachhaltigkeit mittels Recycling, der Verwendung ausschließlich lokaler Ressourcen und traditioneller wie moderner Technik. Hier wird gelehrt, produziert und geforscht. Doch leider ist Sonntag und geschlossen, und so können wir nicht hinein und an einer Führung teilnehmen. Also setzen wir uns in das dazugehörige Internetcafé, dessen Internetzugang leider nicht funktioniert. Mawuli hat sich abgeseilt und bringt uns nach einer Weile eine Flasche mit einem Baobab-Getränk mit. Die Baobab-Frucht ist gesund, sie liefert Mineralstoffe und Vitamine. Ich trinke den Saft zum ersten Mal. Das Getränk aus der Flasche ist ein wenig dickflüssiger als zum Beispiel Orangensaft, bräunlich und schmeckt leicht süß-säuerlich. Da wir uns auf einem Biohof befinden, gibt es sogar Pfand auf die Flasche. Es dunkelt bereits. Unserem Hunger folgend, überqueren wir vorsichtig die verkehrsreiche Straße, um in einem kleinen afrikanischen Restaurant zu Abend zu essen. Wir brechen auf und fahren zurück nach Cotonou, wo wir ein thailändisches Restaurant aufsuchen, in dem uns Sophia eine Runde Getränke ausgibt.

DIE LETZTEN TAGE

Die Küste

Am nächsten Tag, nach der zweiten und letzten Nacht in Cotonou, führt uns unsere Reise an der Küste entlang nach Ouidah. Da Lijsje und Sophia noch nicht in Ouidah waren, fahren wir die – rein optisch betrachtet – schöne Route der Sklaven noch einmal hinunter. Ich zücke meine Aufzeichnungen, die auf meinem Notebook gespeichert sind, und gebe den anderen wieder, was mir Faustin, mein damaliger nigerianischer Guide, so alles erklärt hatte. Vorbei an Seen, Büschen, Palmen und Äckern halten wir an der einen oder anderen Statue und auch am „Mémorial du Souvenir", dem Mahnmal an dem Massengrab, das zum Gedenken an die Sklaven errichtet wurde, welche die Route nicht überlebt hatten. Ein Einwohner, der sich dort gerade aufhält, kommt an unser Auto und möchte uns etwas erklären, doch wir lehnen ab. Egal, den Satz, den er unaufgefordert zum Thema Sklavenroute zum Besten gibt, betrachtet er als Führung und erwartet Geld. Auch Mawuli fordert uns auf, ihm etwas zu geben. Jetzt verliert Sophia die Geduld. „Für alles muss man hier bezahlen, für jedes Wort! Stell Dir vor, ich würde als Hebamme", – Sophia ist von Beruf Geburtshelferin – „für jeden Satz, den ich sage, Geld verlangen!" Ich gebe ihr recht, aber auch nach und zahle dem Mann 200 CFA, was in etwa 40 amerikanischen Cent entspricht.

Am Ende der Route erscheint das „Tor ohne Wiederkehr". Wir laufen über den Strand, an dem jedes Jahr das große Voodoo-Spektakel stattfindet, zum Meer. Ich blicke zum Horizont und lasse meine Gedanken schweifen. Da draußen lagen sie zu jener Zeit vor Anker, die Schiffe der Europäer. Sie warteten auf die Sklaven, ihre Ware, um sie nach Übersee zu transportieren.

Auf dem Weg zurück komme ich mit einem Souvenirverkäufer ins Gespräch, der unter dem Tor einen Stand hat. Der handgefertigte, schöne Schmuck, den er verkauft, stammt aus dem nördlichen Afrika. Auch auf dem Markt in Lomé wird Schmuck aus nördlicheren Regionen angeboten. Das meiste ist filigraner Silberschmuck und darunter sehe ich auch das von den Tuareg „Tasagalt" und von den Europäern „Kreuz von Agadez" genannte Schmuckstück. Der Verkäufer und sein älterer Bekannter, der dabeisteht, kommen aus dem Niger, was mich dazu veranlasst zu erzählen, dass ich das Land aus den Erzählungen meiner Eltern kenne, die Mitte der 60er Jahre sechseinhalb Jahre dort gelebt hatten. Das ist mein einziger Anknüpfungspunkt. „Ach, heute ist der Niger ganz anders, das Land hat sich sehr verändert. Es ist schwieriger geworden", erzählt mir der Freund. Und der junge Verkäufer stimmt zu: „Ich bin hier heruntergekommen, um mit dem Verkauf von Schmuck Geld zu verdienen. Ich hoffe, das klappt. Das ist alles von meiner Familie handgemacht!" Er lädt mich ein, mir alles genau anzuschauen, und nimmt es mir nicht übel, dass ich nichts erwerbe, so reizvoll es wäre. Lijsje und Sophia kommen vom Meer zurück. Zusammen spazieren wir an weiteren Verkaufsständen vorbei, die gerade aufgebaut werden. Eine Frau fragt uns freundlich, ob wir uns ihren Stand anschauen möchten. Als wir dankend ablehnen, dreht sie sich verärgert ab.

Mawuli hat es sich schon im Restaurant gemütlich gemacht und auch wir bestellen etwas zu essen. Ich frage nach der Toilette und werde in das Haus hinter dem Restaurant geführt. „Einfach durch das Zimmer gehen", fordert mich die Bedienung auf. Mir kommt das merkwürdig vor, denn bei dem Zimmer scheint es sich um ein Wohnzimmer zu handeln, in dem sich eine halbnackte Frau träge, vielleicht auch krank, auf einer auf dem Boden liegenden Matratze räkelt. Ich tue einfach so, als wäre das ganz normal, und schreite geradeaus weiter in ein klitzekleines Zimmer ohne Dach. Hier liegt, sorgfältig mit einer kleinen Schaufel geebnet, ausschließlich Sand. Das ist wohl die Toilette, denn weiter geht es nicht. Ich bin etwas ratlos. Nebenan liegt die Frau, und wie funktioniert das, soll ich ein Loch graben und dann wieder zubuddeln? Vermutlich. Und wenn ich mich verlaufen habe und das gar nicht die Toilette ist? Ich zögere. Und stelle fest, dass ich Busch bevorzuge. Da gibt es wenigstens keine Zuhörer. Somit verzichte ich auf Weiteres und gehe durch das Wohnzimmer zurück zum Restaurant.

Wir brechen auf und machen uns auf den Weg nach Grand Popo. Hier wollen wir richtig Urlaub machen, uns ausruhen, in der Sonne liegen, ausgiebig frühstücken, am Meer verweilen. Wir entscheiden uns für das Hotel „Awalé Plage". Awalé, wie das Spiel, das ich in Kpalimé spielte. Wir werden von einem Piraten in Empfang genommen - so sind hier alle Mitarbeiter gekleidet. Aus Kostengründen entscheiden wir uns gegen einen Bungalow und für ein Zimmer. Nachdem das Moskitonetz hängt, die Taschen ausgepackt und wir geduscht sind, begeben wir uns ins Restaurant und essen zu Abend. Den folgenden Tag verbringen wir am Strand. Wir beobachten Fischer, die am Ufer ihren Fang einholen. Ein Boot schaukelt einsam im Wasser. Es ist nicht viel Betrieb im Hotel. Ein anzüglicher Gast rückt mir zu nahe. Er riecht nach Alkohol und auch sonst nicht gut. Irgendwie werde ich ihn wieder los. Abends essen wir in einem kleinen afrikanischen Restaurant, in dem im Fernsehen ein Fußballspiel gezeigt wird. Irgendwie ist unsere Stimmung gedrückt. Unsere Reise ist zu Ende.

Zurück in Lomé

Die Rückfahrt am nächsten Morgen dauert nicht lange. Der Grenzübergang gestaltet sich, wie sonst auch, unkompliziert. Es war, auch dank Mawuli, eine spannende und eindrucksvolle Reise. Viel haben wir gesehen, viel gelacht und vieles kennenlernen dürfen, sind in für uns fremde Welten eingetaucht.

In Lomé angekommen, fährt uns Mawuli zunächst bis vor das Schiff. Hier laden wir Lijsje ab, die noch bis zum Sommer auf der „Africa Mercy" bleiben wird. Danach bringt mich Mawuli ins „My Diana Guesthouse" in der Rue des Jonquilles. Die Unterkunft liegt im Westen der Stadt und ist günstiger als das Seemannsheim, in dem Sophia bis zu ihrem baldigen Abflug wohnen wird. Ich fühle mich in diesem Stadtteil wohl, alle Menschen um mich herum machen einen freundlichen Eindruck, egal ob beim Einkaufen oder am Essensstand. Unterwegs frage ich eine Gruppe von drei Frauen, wo ich ein Foufou-Restaurant finden kann, was sie mir gleich erklären. „Ich heiße Paula. Vielleicht sehen wir uns ja jetzt öfters!" meint eine von ihnen, als ich die nächste Straßenecke Richtung Imbiss ansteuere. Und die andere fügte ein „Inshallah" und „Auf bald!" hinzu. Die beiden Herren in einem Geschäft, in dem ich Essensvorräte einkaufe, sind sehr zuvorkommend, das gleiche gilt für Mutter und Tochter in einem anderen kleinen Einkaufsladen. Das „My Diana" ist eine angenehme Unterkunft. Mein Zimmer ist sehr einfach, es gibt einen Ventilator und eine Terrasse.

Dennoch ziehe ich nach zwei Nächten in den Seamen's Club, ins „Foyer de Marins" oder auch „Seemannsheim" genannt, denn im „My Diana" wird es mir etwas langweilig. Mit Sack und Pack steige ich auf den Rücksitz des Motorradtaxis. „Wohin?" „Zum Seemannsheim." Und schon fahren wir an der Küste entlang in Richtung Osten. Trotz des Verkehrs unterhalten wir uns prima. „Ich habe die Schule besucht," erzählt mir der Fahrer auskunfts-

freudig, „aber abgebrochen, um hier in Lomé Geld zu verdienen."
Wir halten an einer roten Ampel neben einer Autoschlange. Es
ist etwas laut und er schreit mich an: „Am liebsten würde ich
den Schulabschluss nachholen!" Ihm scheint die Fahrt genauso
viel Spaß gemacht zu haben wie mir, und vor dem Eingang zum
Hafen verabschieden wir uns.

In meiner neuen Unterkunft treffe ich hin und wieder Mitarbeiter des Schiffes und unterhalte mich mit Karl-Heinz Hasselmann,
einem pensionierten Professor, der in Togo lebt und Bücher ver-
fasst. Auch Otto mit seiner langen, grauen Mähne geht hier ein
und aus – er war vor über 25 Jahren in Lomé hängengeblieben
und scheint sich wohl zu fühlen. Außerdem nutze ich gerne den
Swimmingpool sowie den Internetzugang des Hotels.

Katastrophale Folgen für Frauen

Während dieser letzten Tage in Lomé besuche ich noch einmal das Schiff. Hier kann ich kostenlos im Internet surfen, meine
Wäsche waschen, essen und mich unterhalten. Darüber hinaus
nehme ich die Gelegenheit wahr, erneut die Krankenstation zu
besuchen. Anlass sind die Patientinnen, die unter sogenannten
vesikovaginalen Fisteln, auch Blasen-Scheiden-Fisteln genannt,
leiden. Medizinische Unterversorgung, Armut und Unwissenheit
sowie die Tatsache, dass Frauen beziehungsweise Mädchen oft
zu früh schwanger werden, führen dazu, dass solche Fisteln vor
allem in armen Ländern auftreten.

Geburtsfisteln entstehen durch Komplikationen bei der
Geburt. Es bildet sich ein Gang zwischen Blase und Scheide,
der sich nicht mehr schließt. Bei manchen Frauen verläuft solch
eine Fistel sogar bis zum Darm. Meist kommt es in dem Zusam-
menhang zu einer Totgeburt. Auch viele der Mütter verlieren
dabei ihr Leben. Überstehen sie die Geburt indessen, leiden sie
aufgrund der Fistel an lebenslanger Inkontinenz. Die Folge ist,

dass viele der betroffenen Frauen wegen des üblen Geruchs von der Gemeinschaft ausgeschlossen werden. Sie leben für den Rest ihres Lebens als Ausgestoßene von der Familie separiert in einer Hütte, sie verarmen und vereinsamen.

„Der Geruch ist sehr streng", weiß Edith M. Horton von Mercy Ships Deutschland, die bei der Ankunft der ersten sogenannten VVF-Patientinnen anwesend war, zu berichten. „Es ist heiß und die Frauen können ja nicht ständig ihre Kleidung wechseln oder waschen. Es ist einfach schrecklich."

Das Mehrbettzimmer im Schiffskrankenhaus ist voll mit Zuschauern. Die Mitarbeiter des Schiffes drängeln sich vor der Tür. Viele sind gekommen, um wie ich der Zeremonie beizuwohnen, die gleich stattfinden wird, der sogenannten „Dress Ceremony". Sie wird am Tag der Entlassung der VVF-Patientinnen aus dem Krankenhaus veranstaltet. Ich stehe neben der Tür und beobachte. Alle sieben Frauen, die verabschiedet werden, tragen nagelneue Kleidung. Die haben sie zur Feier ihres neuen Lebensabschnittes geschenkt bekommen.

Eine von ihnen erzählt: "Ich konnte jahrelang nicht unter Menschen." In Togo existieren 39 lebende Sprachen, und nicht jede Patientin spricht Französisch. Deswegen sitzt neben jeder Frau ein Dolmetscher, der die jeweilige Sprache übersetzt. „Mein Mann hat sich von mir getrennt, und meine Kinder haben sich von mir abgewandt. Auch in der Dorfgemeinschaft konnte ich mich nicht mehr aufhalten. Dann habe ich irgendwann über das Radio von Mercy Ships gehört und bin ganz alleine hierhergefahren." Am Ende überreicht eine Krankenschwester im Zuge der Zeremonie eine Seife, einen Spiegel und eine Bibel. Ein neues Leben kann beginnen. Es wird viel gesungen, viel geweint.

Der Überfall

Es ist mein letzter Abend in Lomé. Lijsje, Claudia, die deutsche Krankenschwester, mit der ich den Ausflug zum Haus der Sklaven in Agbodrafo gemacht hatte, und ich sitzen in dem Straßenrestaurant, in dem ich zu Beginn meines Aufenthaltes die Ziege probiert hatte. Dieses Mal bestelle ich Fisch. Wir sitzen auf den Plastikstühlen am Straßenrand, Mopeds und Autos brausen an uns vorüber. Hin und wieder kommen Verkäufer zu uns an den Tisch, um ihre Ware anzubieten.

Auf dem Rückweg finden wir kein Taxi, und so überqueren wir den Boulevard de la Republique, um auf der anderen Straßenseite eines abzufangen. Das ist die Seite, die an den berüchtigten Strand angrenzt. Bereits wenige Wochen zuvor wurden Lijsje und ich von einem hilfsbereiten Mopedfahrer gewarnt, als wir während eines abendlichen Ausflugs auf Cyles Moped am Straßenrand, also quasi direkt am Strand, eine kleine Pause einlegen wollten. Der Mopedfahrer kehrte zurück, um uns zu warnen. „Das ist viel zu gefährlich, ihr müsst hier weg!"

Tatsächlich erzählten uns zwei der Gurkhas später, dass auch sie überfallen worden seien, und zwar tagsüber. Die beiden waren jedoch in der Lage, sich mit ihren gut trainierten Körpern zur Wehr zu setzen.

In dem Moment, als der Mopedfahrer, der uns gewarnt hatte, wegfuhr, gingen obendrein alle Straßenlampen aus - Stromausfall. Es war stockdunkel. Wir setzten uns zügig auf das Zweirad und fuhren zurück zum Schiff. Lijsje und ich hätten keine so guten Chancen gehabt wie die Gurkhas.

Nun, beim Überqueren des Kreisverkehrs, sehen Lijsje und ich uns kurz an, und ich murmele noch etwas wie „Keine gute Idee". Ein Autofahrer ruft uns zu, dass wir auf der anderen Seite bleiben sollen, doch wir brauchten nun mal ein Taxi, und dazu müssen wir die Straßenseite wechseln.

Auf der gegenüberliegende Seite steht eine Gruppe von Frauen, und ich hoffe, dass uns deshalb nichts passieren wird. Ich laufe hinter den anderen beiden her und bemerke einen Mann mit Mütze, der rechts an mir vorbeigeht, nicht schnell, nicht langsam, und ahne, dass er nichts Gutes im Sinn hat. Doch ich habe keine Zeit mehr, vorzueilen und die beiden zu warnen, denn schon beobachte ich, wie er, wie in einer schlechten Soap, seinen Gang beschleunigt, die Handtasche von Claudia mit beiden Händen von der Schulter reißt und ins Dunkel der Nacht Richtung Meer flüchtet.

In Sekundenschnelle steht eine Traube von Menschen um uns herum. Einer von ihnen rennt dem Dieb hinterher. Claudia bleibt erstaunlich gefasst. „Am meisten tut es mir um die Tasche leid! Drinnen sind weder Geld noch Karten. Und das Handy ist alt." Der Mann, der uns vom Auto aus gewarnt hatte, taucht wieder auf und tadelt uns: „Ich habe Euch doch gesagt, dass ihr hier nicht hin sollt. Das ist viel zu gefährlich!" Ja, recht hat er. Ich frage mich, wie er den Überfall überhaupt mitbekommen hatte, da er ja weitergefahren war. Ich fühle mich unwohl und will das Angebot zweier Männer, uns zum Seemannsheim zu fahren, zunächst ablehnen, denn nun bin ich misstrauisch. Doch sie weisen sich mit ihren Identitätskarten aus - sie arbeiten ebenfalls am Hafen. „Schon eigenartig, dass man schlechte und gute Erfahrungen so kurz hintereinander macht," stellt Lijsje dazu fest.

Die beiden fahren uns zum Seemannsheim und verabschieden sich. Es ist meine letzte Nacht in Lomé.

ABSCHLUSS

Nachdem ich mit so vielen Krankheiten und ihren Folgen konfrontiert wurde, wie dies während meines Aufenthaltes auf der „Africa Mercy" der Fall war, wird mir erneut bewusst, wie privilegiert wir hier in Deutschland leben.

Als ich am nächsten Tag mit meinem Reisepass und dem Ticket in eine saubere, luxuriöse Welt am Flughafen stehe, bin ich mir darüber im Klaren, dass das, was mir selbstverständlich erscheint, für andere unerreichbar ist und bleibt.

Ich habe das gute Recht, nach Deutschland einzureisen, und vor allem – das große Glück. So viele Menschen aus wirtschaftlich unterentwickelten Ländern hegen den Wunsch, in Deutschland zu leben, in einem Land, in dem es Arbeit gibt, ein funktionierendes Gesundheitssystem, keine Kinderarbeit, in dem Meinungsfreiheit und eine gewisse Rechtsstaatlichkeit vorherrschen sowie Gleichberechtigung zwischen den Geschlechtern. In einem Staat, in dem Homosexuelle relativ unbekümmert leben können, Kinder eine umfangreiche Schulausbildung erhalten und niemand auf der Straße leben muss.

Während meines Aufenthaltes in Togo, Benin und auch Ghana sah ich Armut, viele schwer kranke Menschen, Kinderarbeiter und bekam einen Einblick in die Geschichte und das Leid damaliger Sklaven.

Doch ich begegnete auch der anderen Seite dieser Länder: Ich machte die Bekanntschaft mit vielen sympathischen, offenen Menschen, lernte ihre spannende Kultur und Tradition kennen und durfte eine einzigartige Natur bestaunen.

Die Arbeit auf dem Schiff war bereichernd und die Hingabe, mit der Ärzte und Krankenschwestern ihrer Arbeit, um nicht zu sagen, ihrer Berufung nachgingen, beeindruckte mich.

Dass ich unterwegs mit meinem Anliegen, Situationen und

Menschen fotografisch oder auch filmisch festzuhalten, hin und wieder auf Grenzen stieß, war mir durchaus nicht angenehm. Aber ich weiß, dass man nach einer Reise manchmal das eine oder andere Detail vergisst – trotz Reisetagebuch. Ich wollte das vermeiden und in der Lage sein, im Nachhinein Situationen, Gefühle oder Atmosphäre abrufen zu können. Das stellte mich manchmal vor ein Dilemma, war ich doch stets bemüht, mir eine Fotografiererlaubnis einzuholen und als Gast eines Landes niemandem zu nahe zu treten.

Was Fakten und historische Daten betrifft, beziehe ich mich auf die Quellen am Ende des Buches.

Togo ist ein großartiges Reiseland mit freundlichen Menschen, Benin hochinteressant und eine Reise wert. Nach Ghana lohnt es sich, eine weitere, ausgedehnte Reise zu unternehmen. Ich bin dankbar für alle Begegnungen auf und außerhalb der „Africa Mercy" und die wunderbare Zeit, die ich dort verbringen durfte.

ABOMEY

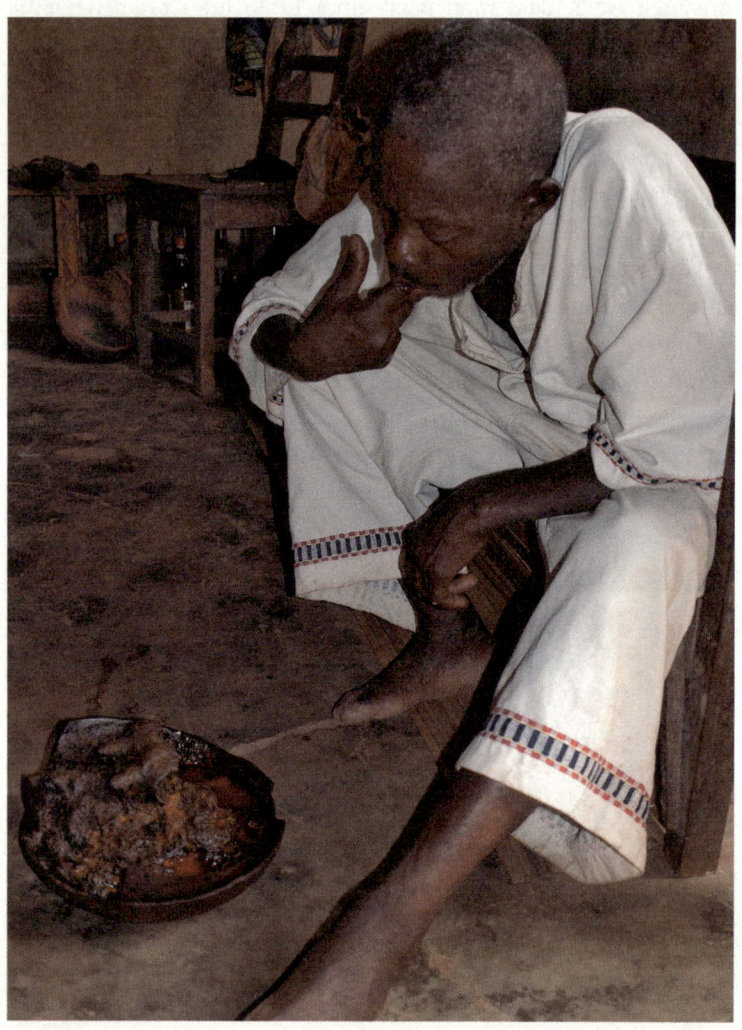

Der Priester führt uns ein Ritual vor

Tempel des Schlangengottes Dan

DAS SCHIFF

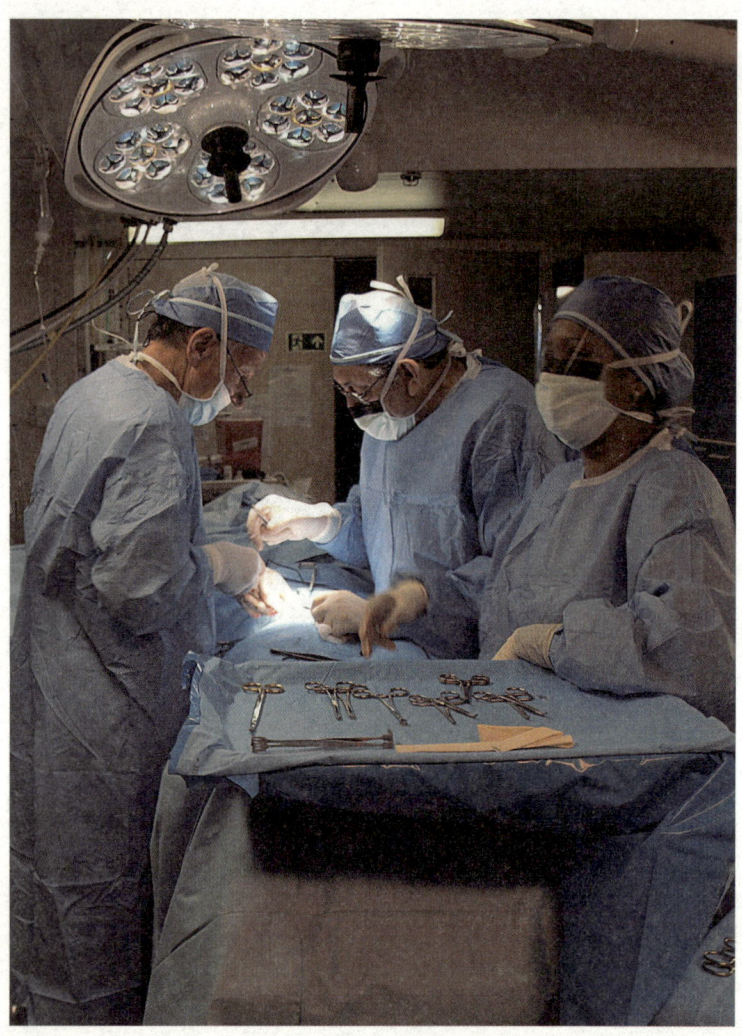

Im OP-Saal

Die Africa Mercy

FETISCHMARKT

*Alle möglichen Wildtiere finden
sich auf dem Fetischmarkt*

Ein Stand auf dem Fetischmarkt

Fetischmarkt in Lomé

GANVIÉ

Ganvié wird auch das Venedig Afrikas genannt

Pfahlbauten in Ganvié

GHANA

*Oben auf dem Balkon stand der Gouverneur und
suchte sich eine Sklavin zu seinem Vergnügen aus.*

Der Frauentrakt in Elmina

Rechts die Zelle für die europäischen Soldaten, links die Zelle für die Sklaven

Im Han's Cottage Botel beobachten wir Webervögel

Eine Hängebrücke im Kakum-Nationalpark

Fischerboote vor dem Fort in Elmina

HOPE CENTER

Junger Patient und ich im Hope Center

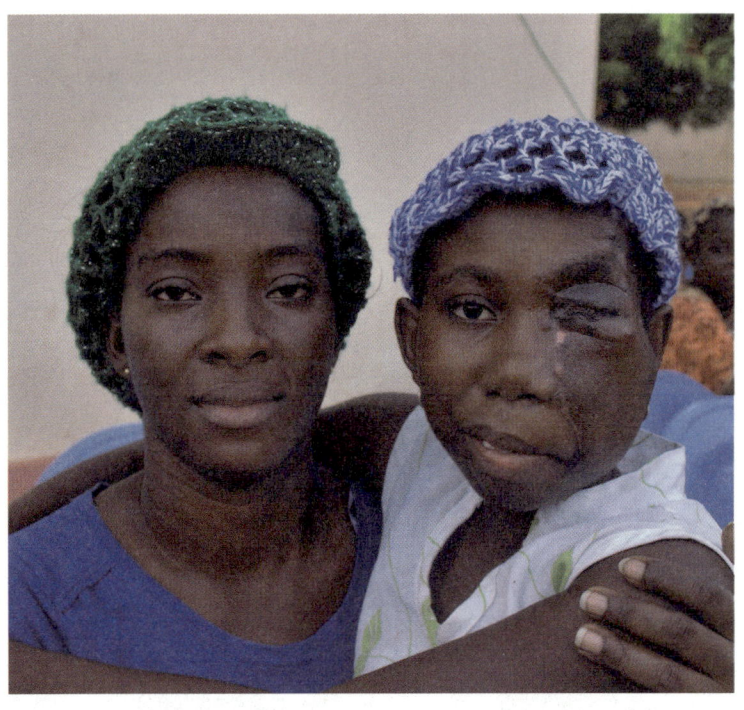

Regina (rechts) und ihre Tante Vida (links)

KINDERARBEITER AUF DEM GRAND MARCHÉ

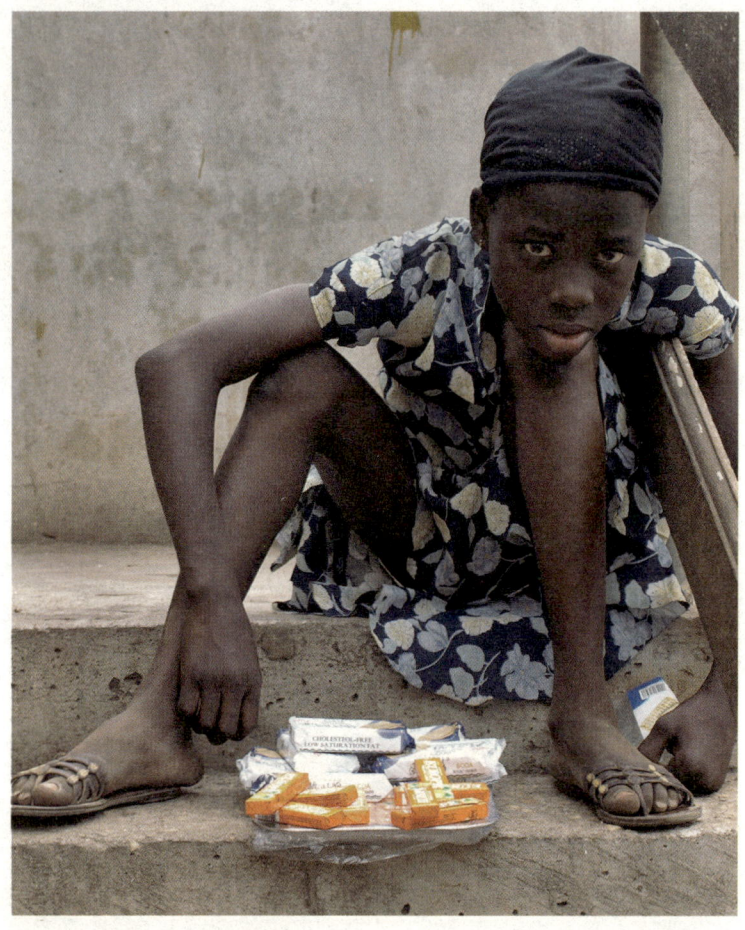

Ein Mädchen verkauft auf den Treppen des Grand Marché Süßigkeiten

Der Unterricht

KPALIMÉ

Ghislain (rechts) gilt als der beste Awaléspieler im Dorf

Bockkäfer aus Ghislain's T-Shirt

Kpalimé

Frauen in Kpalimé

Julien zeigt uns eine Kakaobohne

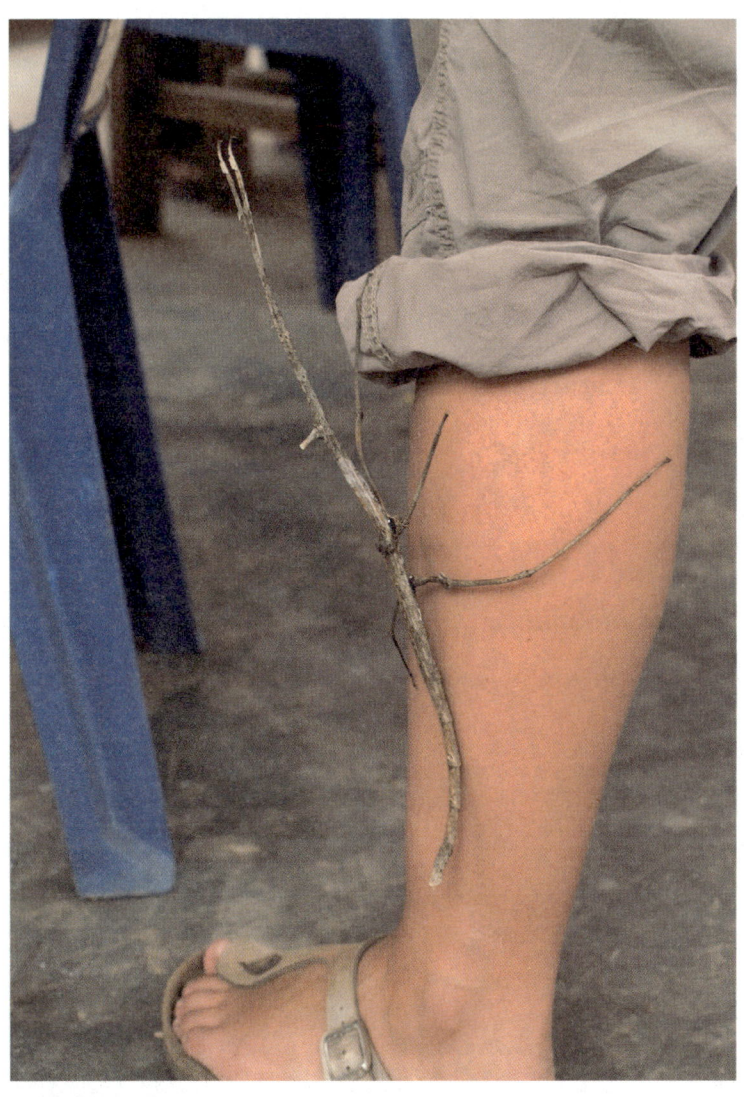

Stabschrecke auf Lijsje's Bein

LOMÉ

Auf einem Ausflug durch Lomé mit dem Geländewagen stoßen wir an die Grenze zu Ghana

Auf dem Weg nach Togoville

Schuhmacher auf dem Village Artisanal

Straßenszene in Lomé

MAISON DES ESCLAVES

Durch das Loch rechts unten am Haus mussten die Sklaven in den Keller steigen

Durch diese Luke hatten die Europäer Zugang zu den Sklaven

MOSCHEE IN PORTO NOVO

Mädchen vor der Moschee in Porto Novo

OUIDAH

Auf der route des esclaves

*Die Egungun vermitteln zwischen den Toten
und den Lebenden*

Diese Egungun warten auf ihren Einsatz

Ein Egungun-Tänzer

Im Pythontempel. Angeblich sehe ich nicht entspannt aus

Links wohnen die Schlangen, der kleine Temple rechts ist dem Priester vorbehalten

Die Schlange, die sich selbst isst

Die Statue einer Amazone auf der route des esclaves

Statue eines Sklaven am Zomaï Cabin

PENDJARI

Ein Pavian beobachtet uns

Am Mare Bali im Pendjari Nationalpark nähert sich ein Krokodil dem Ufer

TAMBERMA

Auf dem Dach einer Takienta. Links das Schlafzimmer der Eltern, rechts ist das Kinderzimmer

Takienta-Dorf

Gegenüber des Schlafzimmers befindet sich das Gästezimmer. Genug Platz für mich

Der Dorfchef

Frauen tragen einen solchen Helm, wenn sie im heiratsfähigen Alter sind

Portrait einer Tambermafrau

In diesem Baobabbaum versteckten sich die Menschen einst vor Raubtieren

TOGOVILLE

Die „Bar Be Cool" in Togoville

Ein geopfertes Huhn auf einem Altar in Togoville

Mémoire du Contract de Protectorat Allemand sur le Togo Baguida, le 5 Juillet 1884

Chef MLAPA IV
(Sebastien Djosu)
petit-fils du feu Roi
MLAPA Ier actuel Chef
Supérieur de Togoville

Roi MLAPA III
(Mesa-Nyehü)
de TOGO (Togoville)

Dr. G NACHTIGAL
Consul Général
Commissaire impérial
pour la cote occidentale
d'Afrique

Oberhaupt MLAPA IV
(Sebastien Djosu)
jüngster Sohn der
verstorbenen Königs
MLAPA I, gegenwärtiger
Chef Superieur von
Togoville

König MLAPA III
(Mesa-Nyehü)
aus TOGO
(Togoville)

Dr.G Nachtigal
Generalkonsul für die
Westküste Afrikas

Die Unterzeichner des Vertrages mit Gustav Nachtigal

Gustav Nachtigal und König Mlapa III

197

UNTERWEGS

Auf dem Weg zu den Batammariba

Umgekippter LKW – Kein seltener Anblick

Diese Frau bearbeitet Maniokwurzeln und freut sich über unseren Besuch

Eine Tankstelle. Mawuli (Mitte) hilft

Eine Holz tragende Frau unterwegs

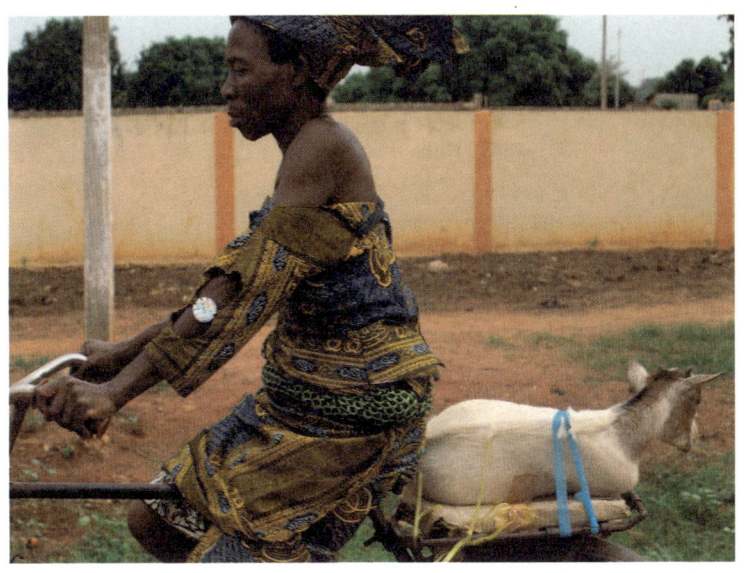

Eine Frau transportiert eine Ziege

Unterwegs in den Norden Togos

QUELLEN

Bücher

Appelt, Hedwig (2009): Die Amazonen, Stuttgart, Konrad Theiss Verlag

Ashun, Ato (2004): Elmina, the castle & the slave trade, Elmina

Graichen, Gisela/Grüner, Horst (2005): Deutsche Kolonien, Berlin, Ullstein Verlag

Lademann-Priemer, Gabriele (2007): Benin – Wiege des Voodoo, Marburg, Tectum Verlag

Lademann-Priemer, Gabriele (2011): Voodoo – wissen, was stimmt, Freiburg, Herder Verlag

Reuter, Astrid (2003): Voodoo, München, Beck Verlag

Schicho, Walter (2001): Handbuch Afrika, Bd. 2. Westafrika und die Inseln im Atlantik, Frankfurt am Main, Brandes & Apsel Verlag

Schicho, Walter (2010): Geschichte Afrikas, Stuttgart, Konrad Theiss Verlag

Stanek, V.J. (1964): Das große Bilderlexikon der Tiere, Prag du Zug/Schweiz, Bertelsmann Verlag

Trillo, Richard, Hudgens, Jim (2008): The Rough Guide to West Africa, New York, Rough Guides Ltd.

Woehrl, Ann-Christine/Salm-Reiffescheidt (2011): Voodoo, München, Herbig Verlagsbuchhandung GmbH

Dr. Wohlfart, Ernestie/Prof. Dr. Zaumseil, Manfred (2006): Transkulturelle Psychiatrie – interkulturelle Psychotherapie, Heidelberg, Springer Medizin Verlag

Ziegler, Jean (2012): Wir lassen sie verhungern, München, Bertelsmann Verlag

Internet

Amnesty International Sektion der Bundesrepublik Deutschland e.V.(2013),
Berlin:
www.amnesty.de/jahresbericht/2013/ghana?destination=node%2F2922,
Stand: 22.02.2014

Auswärtiges Amt, Berlin:
http://www.auswaertiges-amt.de/sid_7CA245F8CFA9EBD-
F24A1E464A4CAC941/DE/Aussenpolitik/Laender/
Laenderinfos/01-Nodes_Uebersichtsseiten/Togo_node.html, Stand 22.02.2014

Deutsche Botschaft Cotonou, Benin:
http://www.cotonou.diplo.de/Vertretung/cotonou/de/04/Touristisches/seite__
ouidah.html, Stand 22.02.2014

Deutsches Komitee für UNICEF e.V., Köln:
Konvention über die Rechte des Kindes:
www.unicef.de/informieren/infothek/-/konvention-ueber-die-rechte-des-kin-
des/17528, Stand: 22.02.2014

Deutsche Gesellschaft für Internationale Zusammenarbeit,
Bonn und Eschborn:
http://liportal.giz.de/benin/geschichte-staat.html (2011)

Frick, Otto (2013):
http://liportal.giz.de/togo/geschichte-staat/
http://liportal.giz.de/togo/wirtschaft-entwicklung.html

Bergstresser, Heinrich (2014):
http://liportal.giz.de/ghana/geschichte-staat/#c3416, Stand: 22.02.2014

EarthLink e.V. – The People & Nature Network (o.J.), München:
http://www.aktiv-gegen-kinderarbeit.de/welt/afrika/togo/, Stand 22.02.2014

Freunde des Pendjari, Frankfurt am Main:
http://pendjari-de.jimdo.com, Stand: 22.02.1014

Fistula e.V., Bruchsal:
http://www.fistula.de/fistula.html, Stand: 22.02.2014

Hagemann, Ulf: Das Königreich Dahomey zwischen Sklavenhandel und französischer Kolonie, Leibniz Universität Hannover:

http://www.lwg.uni-hannover.de/wiki/Das_K%C3%B6nigreich_Dahomey_zwischen_Sklavenhandel_und_franz%C3%B6sischer_Kolonie, Stand: 20.022014

Kerber, Anna Mayumi (2010): Bayerische Spezlwirtschaft, München, Süddeutsche Zeitung:

http://www.sueddeutsche.de/bayern/restaurant-alt-muenchen-in-togo-bayerische-spezlwirtschaft-1.994029, Stand: 22.04.2014

Mercy Ships, Lausanne:

http://www.mercyships.ch/de
http://www.mercyships.ch/de/wie-wir-helfen/unsere-programme/training-und-weiterbildung.html, Stand 22.02.2014

Ministry of Tourism/Ghana Tourist Board, Accra (Ghana):

http://www.touringghana.com/ecotourism/kakum.asp, Stand: Stand 22.02.2014

Reinisch, Michael (2012): Wieder Elfenbein in den Hotelboutiquen, Frankfurt am Main:

http://www.faz.net/aktuell/gesellschaft/kriminalitaet/wilderei-wieder-elfenbein-in-den-hotelboutiquen-11950855.html, Stand: 22.02.2014

Starbucks Coffee Deutschland GmbH, Email Zaba, Yenia (2013), München
The Ouidah Museum of History, Ouidah (Benin):

http://www.museeouidah.org/Home-Eng.htm, Stand: 22.02.2013

United Nations Development Programme (UNDP), New York:

https://data.undp.org/dataset/Table-1-Human-Development-Index-and-its-components/wxub-qc5k, Stand: 22.02.2014

United Nation Educational, Scientific and Cultural Organitzation (UNESCO), Paris:

http://whc.unesco.org/en/list/323
http://whc.unesco.org/en/list/1140,
Stand: 22.02.214

World Wide Fund For Nature (WWF), Wien:

http://www.wwf.at/de/view/files/download/showDownload/?tool=12&feld=download&sprach_connect=942, Stand: 22.02.2014